太田和彦の
OTA KAZUHIKO'S

居酒屋味酒覧
いざかやみしゅらん
IZAKAYA BEST GUIDE 204

〈決定版〉精選204
DEFINITIVE EDITION

新潮社

はじめに

この本は、日本中のよい居酒屋を一冊にまとめ、居酒屋ファンのよきガイドになりたいと願って二〇〇四年の第一版、二〇〇八年の第二版、二〇一二年の第三版と重ねてきた第四版です。新たに六〇の店が登場しました。店の選択の基本は一人で入れ、明朗会計であることです。データは二〇一六年八月に、掲載各店に同じアンケートを送り、ご回答いただいたものを基礎にしております。第一版から掲載されている店も最新情報を確認しました。

したがって酒も含め値段はこの時点のもので、料理は時季仕入れにより変わり、紹介文に書いた料理がない時もありますのでご了承ください。品書きに値段が書かれていない店もありますが、私が納得できる会計であったことを保証します。また「コース料理のみ」の店はとりあげていません。地図は詳細部で誤差があるかも知れません。ご容赦ください。店名は「季節料理」「酒処」などを略したところがあります。正式名称と異なるかもしれませんが、憶えやすさのためそうさせていただきました。

また店そのものに紹介文と異なる印象を持たれることが当然あると思います。酒も料理も

嗜好品で、ましてや店の雰囲気、居心地の感じ方は各人各様です。私の好みが反映された、一個人の飲み歩きとお考えください。「名酒」「名料理」「名居心地」マークもあくまで目安です。新設の「日本居酒屋遺産」マークは建物の価値に注目したものです。タイトルは「居酒屋」ですが、大衆酒場から割烹にちかい店までであり、価格帯も幅があります。共通するのは、お酒を大切にし、お酒を飲むのをいやがらない店であることです。どこの店でも私はゆっくり飲み、いただき、居酒屋として楽しみました。これはこの本の特徴かもしれません。

この第四版は、東京、大阪、さらに各地のより精密な取材を入れ、従来版よりも大幅に掲載店を増やし、現時点で最も地域性の高い居酒屋ガイドになったと自負いたします。

この一冊が、皆様とよい居酒屋をつなぐ橋渡しになればと願っております。ご協力いただきました各店に、厚く御礼申し上げます。

二〇一六年二月　太田和彦

太田和彦の 居酒屋味酒覧 〈決定版〉 精選204 目次

＊は〈決定版〉登場店

はじめに ―― 2

北海道

- 味百仙▼日本酒銘酒と北の味オンパレード　札幌 11
- 独酌三四郎▼創業昭和21年北海道一の名居酒屋　旭川 12
- しらかば▼北の町・釧路の活気とうまい肴　釧路 13
- 万年青▼朝5時までやってる本当の地元の店　釧路 14
- ＊函館山▼地元の酒好き料理好きが集まる　函館 15

東北

- ふく郎▼魚とねぶたの迫力に圧倒される　青森 17
- しまや▼津軽本物の郷土家庭料理　弘前 18
- ばんや▼八戸に郷土料理の名酒亭あり　八戸 19
- 八戸横丁▼東北の旅情あふれる人情横丁　八戸 20
- 酒盃▼酒、肴、居心地、すべて満点　秋田 22
- ＊ん。TACHIKAWA▼地産地消、秋田に名料理あり　秋田 23
- べらぼう▼みちのくの旅情ふかまる　能代 24
- ＊海ごはん しまか▼鮮魚店の開いた居酒屋　盛岡 25
- ＊櫻山横丁▼日本一の居酒屋横丁が盛岡に　盛岡 26
- 愛染横丁▼落ちついた蔵で日本酒も焼酎も　盛岡 28
- こまつ▼蔵で味わう地の酒、肴、蕎麦　一関 29
- 喜の川▼東北地酒をカウンターでゆっくり　一関 30
- 源氏▼文化横丁に古きよき居酒屋の風情　仙台 31
- 一心▼宮城地酒を最上の魚で味わう　仙台 32
- ＊酔亭▼仙台奥座敷の隠れ家居酒屋　仙台 33
- ＊福よし▼日本一の焼魚は復活した　気仙沼 34

北陸

籠太▼板の間カウンターで会津の名酒と肴を　会津若松 35
鳥益▼活気あふれる東北料理　会津若松 36
いな舟▼豊かな庄内の食を藤沢周平の町で　鶴岡 37
＊**久村の酒場**▼これぞ地元酒場の松の廊下　酒田 38
＊**まる膳**▼洗練された家庭料理で一杯　酒田 39

案山子▼淡麗銘酒を気軽に味わう　新潟 41
酒亭久本▼お座敷の雰囲気を居酒屋で　新潟 42
＊**こばちゃん**▼飾り気ない地元酒場のよさ　新潟 43
魚仙▼新潟の酒と味のすべてがある　長岡 44
親爺▼渋い親爺と地の肴これぞ名大衆酒場　富山 45
あら川／米清あら川▼水、酒、魚、主人よし　富山 46
浜長▼料理きわだつ魅力の割烹　金沢 47
猩猩▼せせらぎ通りのモダン居酒屋　金沢 48
大関▼金沢に名大衆居酒屋あり　金沢 49
＊**かっぱ**▼日本一のイカ沖漬とは　福井 50
魚志楼▼底光りする、もと芸妓置屋の一杯　三国 51

東京

佃忠知▼銀座一等地に居酒屋あり　銀座 53
みを木▼銀座で銘酒を楽しむ　銀座 54
＊**泰明庵**▼鄙にもまれな蕎麦屋酒　銀座 55
魚竹▼酒飲みの急所を突く気のきいた肴　築地 56
はなふさ▼築地の魚の長屋居酒屋　築地 57
＊**シンパチキング**▼丸の内大衆酒場の心意気　丸の内 58
＊**ふくべ**▼創業昭和14年の名酒場　八重洲 59
＊**ぶどう家**▼割烹のまかない料理が魅力　新橋 60
＊**おんじき新ばし家**▼望郷酒場の居心地のよさ　新橋 61
＊**牧野**▼ぴくぴく活穴子を旧街道の居酒屋で　品川 62
＊**酒喰洲**▼覇気ある最高の立ち飲み　人形町 63
＊**botan**▼町との一体感が魅力　清澄白河 64
岸田屋▼戦後から何も変わらない　月島 65
味泉▼酒ぞろえと魚に絶対の信頼が　月島 66
山利喜▼煮込みにワインで今日も満員　森下 67
＊**沿露目**▼モダンにして居酒屋の神髄　門前仲町 68
志婦や▼人情も燗酒もあたたかい　浅草 69
ぬる燗▼浅草観音裏の愛すべき一軒　浅草 70
ゑびす▼下町に良心の大衆酒場　四つ木 71
大はし▼名物にうまいものあり北千住　北千住 72

- 田中屋▼ぴかぴかの魚は親方の意地　千住大橋 73
- ＊川むら▼蕎麦屋酒は夕方から本番　日暮里 74
- ＊根津たけもと▼おとなの町、根津に名酒亭あり　根津 75
- ＊日本酒 多田▼さわやかな若夫婦の心意気　根津 76
- シンスケ▼東京の居酒屋美学とはこれだ　湯島 77
- 鍵屋▼裏通りの一軒家に東京の居酒屋の神髄が　根岸 78
- 斎藤酒場▼これぞ懐かしき昭和の酒場　十条 79
- まるます家▼大衆居酒屋の最高の模範　赤羽 80
- 伊勢藤▼文化財級の古典居酒屋　神楽坂 81
- ＊姿▼神楽坂の姿よい料理と酒　神楽坂 82
- ＊季彩や ひで▼宇和島からやってきた　神楽坂 83
- みますや▼創業明治38年東京最古の居酒屋　小川町 84
- 新八▼勢ぞろい日本酒は燗酒に技あり　神田 85
- 赤津加▼古い居酒屋に残る神田の粋と侠気　秋葉原 86
- ＊タキギヤ▼四谷に時代小説の居心地　四谷 87
- ＊たく庵▼手を休めない料理好き　四谷 88
- まるしげ夢葉家▼好漢主人と実力で赤坂の夜は満員　赤坂 89
- とど▼大分郷土料理はワンダーランド　赤坂 90
- ＊池林房▼最も新宿的な居酒屋とは　新宿 91
- ＊よよぎあん▼実力は客が知っている　代々木 92
- ＊たき下▼大人が都心で一杯　麻布十番 93
- さいき▼古きよき小酒場のあじわい　恵比寿 94

- 藤八▼中目黒に大衆居酒屋の熱気あふれる　中目黒 95
- 高太郎▼渋谷に得がたい大人の居酒屋　渋谷 96
- ＊酒とさか菜▼裏渋谷に本格居酒屋あり　神泉 97
- ＊松濤はろう▼渋谷の大人デートはここ　神泉 98
- 笹吟▼繊細な料理と銘酒は女性にも圧倒的人気　代々木上原 99
- 両花▼若者の町の落ちついた一杯　下北沢 100
- まきたや▼郊外の上質な居酒屋の力　下高井戸 101
- うち田▼意欲あふれる料理とおふくろの味　三軒茶屋 102
- 第二力酒蔵▼ない魚はない迫力を見よ　中野 103
- らんまん▼戦前の建物で味わう最上の刺身　中野 104
- 有いち▼茶室の雰囲気割烹料理で一杯　荻窪 105
- ＊善知鳥▼燗酒名人の望郷酒場　荻窪 106
- ＊酒房 高井▼中央線文化の味わいただよう　西荻窪 107
- ＊闇太郎▼これぞ「ザ・居酒屋」　西荻窪 108
- ＊樋川▼すべてに目配りしたバランスのよさ　吉祥寺 109
- 金田▼山の手の居酒屋のおだやかな空気　大岡山 110
- 穂のか▼究極の銘酒居酒屋　自由が丘 111
- 梁山泊▼すばらしい離島の酒・食文化　武蔵小山 八丈島 112

関東・中部

庄助▼湯気をあげる大皿料理に心なごむ　宇都宮 114
蔵元▼酒粕とギターと美人奥様と　宇都宮 115
*和浦酒場▼酒は純米、燗ならなお良し　さいたま 116
舟勝▼本物の漁師料理の神髄を味わえる　御宿 117
*おさかな処 さわ▼千葉の魚で一杯なら、ここだ　勝浦 118
三番瀬▼江戸前の魚のすばらしさに仰天　船橋 119
*企久太▼職人主人 気さくな奥さん　鎌倉 120
*おおはま▼魚に実力の野毛の居酒屋　鎌倉 121
小半▼鎌倉に澄んだ名店あり　横浜 122
栄屋酒場▼郷愁に満ちたハマの酒場　横浜 123
銀次▼時の止まった居酒屋の至福の時間　横須賀 124
酒肴彩 昇▼豊富な肴でゆっくり一杯　藤沢 125
多可能▼創業大正12年活気あふれる大衆酒場　静岡 126
貴田乃瀬▼酒と料理の鉄人ここにあり　浜松 127
*娯座樓▼大きなカウンターで静岡の魚を　浜松 128
千代娘▼関東関西味の分岐点　豊橋 129
大甚本店▼創業明治40年日本の居酒屋の最高峰　名古屋 130
くさ笛▼旅先の赤提灯に草笛ひびき　甲府 131
*きく蔵▼民芸の町の白壁蔵造り　松本 132
*よしかわ▼松本にできた本格カウンター割烹　松本 133

近畿

*あや菜▼母の手料理と娘のジビエで人気　松本 134
*車▼松本にぴたりの瀟洒な居酒屋　松本 135
*満まる▼本格料理と信州地酒　高山 136
*樽平▼山国の静かな居酒屋の一杯　高山 137
*あんらく亭▼高山の「晩酌文化」とは　高山 138
*本郷▼和洋いりまじりの古民家の店　松本 139
*あじ平▼広告美人画と、けいちゃん　高山 140
虎丸▼伊勢湾の魚に目を見張る　伊勢 141
一月家▼創業大正3年のすばらしき名酒場　伊勢 142

能登▼琵琶湖を味わうカウンター　長浜 144
*住茂登▼老舗名店伝統の鮒すし　長浜 145
お>杉▼居酒屋で板前割烹の腕の冴え　大津 146
神馬▼昭和9年から続く古い酒場　京都 147
赤垣屋▼京都を代表する名居酒屋　京都 148
めなみ▼こころはずむ町角の小割烹　京都 149
*祇園 きたさと▼祇園の裏小路で京都を満喫　京都 150
祇園河道▼祇園、意欲的名店のライブ感　京都 151
*小鍋屋いさきち▼目移りする小鍋立各種に、わくわく　京都 152
魚とお酒 ごとし▼京都の中心街を離れて一杯　京都 153

- **食堂おがわ**▼気鋭の料理人、たちまち名店に 京都 154
- **櫻バー**▼地元の人で満員京都居酒屋の底力 京都 155
- **ますだ**▼改装してもかわらない店の品格 京都 156
- **酒亭ばんから**▼先斗町路地に行きつけの店を 京都 157
- ***蛸八**▼常連が通う小料理のくつろぎ方 京都 158
- **たつみ**▼京都大衆酒場不動のトップ 京都 159
- ***百練**▼何もかも知ったうえでの大衆酒場 京都 160
- ***そば酒 まつもと**▼小さな七人席の座り心地 京都 161
- **明治屋**▼ここは居酒屋の聖地である 京都 162
- **ながほり**▼名実ともに居酒屋の最高峰 大阪 163
- **門**▼お初天神に泉州岸和田の快男児 大阪 164
- **上かん屋**▼浪花の味の真髄が路地奥に 大阪 165
- **スタンドアサヒ**▼活気と実力これぞ大阪居酒屋 大阪 166
- ***なないろ**▼料理最高の割烹居酒屋 大阪 167
- **酒や肴 よしむら**▼酒も料理もいいとこどりで満員 大阪 168
- **蔵朱**▼お燗名人の技の数々 大阪 169
- **佳酒真楽 やまなか**▼日本酒の殿堂居酒屋のVIPルーム 大阪 170
- **佳酒真楽 まゆのあな**▼ここから育て若者の居酒屋修業 大阪 171
- **燗の美穂**▼その名に恥じない燗番娘 大阪 172
- ***日本酒饗昧 うつつよ**▼居心地良い板座敷でゆっくりと 大阪 173
- *べにくらげ▼若夫婦が満を持して開店 大阪 174
- *はちどり▼気楽でありながら一級品のわけ 大阪 175

中国・四国

- *寧▼都会の居酒屋センスはこれだ 大阪 176
- *酒肴 哲▼食い道楽浪速っ子のつくる味 大阪 177
- *藤原▼三宮で40年、二宮で20年老練の味わい 神戸 178
- 酒糀家▼カジュアルに日本酒を 神戸 179
- *吉訪▼しなやかな生酒専門の居酒屋 神戸 180
- 丸萬▼天国は昼からやっている 神戸 181
- *酒商熊澤/ボンゴレ▼センス良い立ち飲み、二階は貝づくし 神戸 182
- 蔵▼まほろば大和に艶光りする古い酒場が 奈良 183
- 食遊 鬼無里▼並びに並ぶ大皿料理の数々 奈良 184
- *千里十里▼紀伊水道の魚がずらりとそろう 和歌山 185
- 長久酒場▼これが本物の土地に根づいた居酒屋 白浜 186
- 小ぐり▼腕自慢の板前割烹で一杯 岡山 188
- 酒房 八重▼昔ながらの料理屋の良さ 倉敷 189
- 鬼の厨 しんすけ▼文化財の長屋で鬼の宴 倉敷 190
- 新粋▼倉敷の路地の粋な居酒屋 倉敷 191
- たまがんぞう▼見下ろす波止場はロマンチック 尾道 192
- なわない▼密度濃い居心地は今宵も人気 広島 193
- 桔梗屋▼酒も料理も山陰を満喫する名店 米子 194
- やまいち▼橋のたもとは理想のロケーション 松江 195

田吾作 ▼ 天然自然をここまで追求 益田 196
美人亭 ▼ 瀬戸内の魚をおいしく食べさせる 高松 197
＊酒南手 ▼ お雛様夫婦がお相手する 高松 198
＊と〻喝 ▼ 鳴門の鯛のすばらしさ 徳島 199
＊とくさん ▼ 八十八ヶ所巡りの精進落とし 徳島 200
葉牡丹 ▼ 4year年にぎっしりみんな飲みすぎ！ 高知 201
黒尊 ▼ 野生の高知の息吹がただよう 高知 202
ほづみ亭 ▼ 豊後水道の魚と不思議な料理 宇和島 203

九州・沖縄

さきと ▼ 酒も肴も器も西日本一の名居酒屋 福岡 205
寺田屋 ▼ 料理いっぱい博多っ子は熱く、よか男 福岡 206
＊おでん安兵衛 ▼ これぞ小倉、無法松の居酒屋 福岡 207
＊武蔵 ▼ 渋い風格の博多おでん 小倉 208
朱樂 ▼ 上品な長崎民芸と絶品のすり身揚げ 長崎 209
安楽子 ▼ 長崎のよさがすべてここにある 長崎 210
こいそ ▼ 横丁奥で気軽にくつろぐ 長崎 211
こつこつ庵 ▼ 圧巻の昭和コレクションを麦焼酎で鑑賞 大分 212
＊チョロ松 ▼ 先代女将の教えを守る 別府 213
瓢六 ▼ 地元で愛される心安らぐ居酒屋 熊本 214
和食 島崎 ▼ 天草魚介と釣り名人 熊本 215

入福 ▼ 歴史の島で味わう地酒、地魚 天草 216
味乃 さつき ▼ 揚げ立て「つけ揚」は日本一 鹿児島 217
一村 ▼ 本場の黒糖焼酎と南国奄美に癒される 奄美 218
ゆうなんぎい ▼ 沖縄家庭料理を豊かに味わえる 那覇 219
おでん東大 ▼ おでん「テビチ」に我を忘れる 那覇 220
うりずん ▼ 沖縄美味と泡盛古酒のすべてを 那覇 221
森の賢者 ▼ モダンな店で石垣島を味わう 石垣島 222
ぼうちゃ たつや ▼ 南海の島の名居酒屋 宮古島 223

※本文中、各店に関する情報部分の表記は、それぞれのアンケート回答に準じています。また、価格についても同様ですので、税込・税別など詳細については入店時に確認してください。

北海道

北海道の居酒屋の基本は、
炉端焼に茶碗酒。
ビールは日本で一番うまい。

味百仙▼札幌
独酌三四郎▼旭川
しらかば▼釧路
万年青▼釧路
函館山▼函館

　北海道の居酒屋は炉端焼が多い。大きな囲炉裏をカウンターが囲み、炭火にのる大きな網で魚も野菜も、何でも焼いて食べる。魚は生より干物だ。鉄瓶や甕には常時酒が温まり、柄杓で茶碗に注ぎ、すぐ出す。北海道は常に赤々とした火のあることが最大のもてなしで、寒い外からやって来た客は燗のつくのをのんびり待っていられず、茶碗でぐーっとやって温まる。北海道の炉端焼は開拓当時の記憶を伝えているのだ。

　日本酒は生産の歴史が短かいため、地酒にあまり特徴はないが、ビールはどこで飲んでも確実に内地よりうまい。北海道のビールの歴史は明治の開拓使麦酒醸造所に始り、日本のビールの歴史は北海道にある。できたてのうまい生ビールで、炉端焼を楽しむのが北海道の最も典型的な居酒屋だ。

　一方、都市圏には炉端焼にとらわれず、北海道の優れた食材を自分の料理として使いこなす新しい店も生まれつつあり心強い。

北海道

味百仙
あじひゃくせん

日本酒銘酒と北の味オンパレード

札幌駅北口近くのビルの地下。店内は清潔で明るく、活気がある。今注目の日本酒四〇種以上のラインナップがすごい。魚もキンキ、ホッケ、シシャモ（オス・メス）、丸干しコマイなどの北海道ものから、〆鯖、自家茹でタコなどの居酒屋定番までなんでもそろい、質が高いうえにすべて値段明記で全く安心だ。冬場の黒カレイ刺身の旨かったことよ。かつおダシとバターでじっくり煮た人気の〈じゃがいもバター煮〉（前日予約）は、独特のまろやかさが魅力だ。

長卓を囲むようにゆったりとL字に小上がりが囲み、四、五人で来るのに最適だが、そんな賑わいを斜に見て、カウンターで一人やるのも悪くない。第一級の銘酒居酒屋に、北海道の味がしっかり加わった、郷土色以上の実力を持つすばらしい居酒屋だ。酒脱な主人は、大阪の名店「ながほり」の主人と仲が良いそうで、何だか嬉しい話だ。

住所　北海道札幌市北区北七条西4丁目　宮澤鋼業ビルB1階
電話　**011-716-1000**
営業　17:00〜24:00（土曜は23:00まで）　日曜・祝日休
席数　カウンター6席　小上がり24席　テーブル1（6席）
交通　札幌駅より徒歩2分
酒　　サッポロエーデルピルス(生)500円、サントリーモルツスーパープレミアム(生)500円、キリンハートランド(瓶)600円、地酒（十四代・東一・磯自慢・伯楽星・他）約40種400円〜
料理　刺身盛り合わせ（1人前）2000円、黒がれい刺1200円、ししゃも1尾メス400円・オス300円、かすべ煮こごり850円、ポテトサラダ500円、かきとかに子のオイル漬650円、自家製塩うに950円、いくら丼950円

名酒

独酌三四郎
創業昭和21年
北海道一の名居酒屋

旭川の繁華街・三六街を少しはずれた一軒家。番屋風の太い梁の豪快な店内は燻されて貫禄だ。長いカウンター前に座ると、さあ飲むぞの意欲がわいてくる。

お通しは創業の昭和二一年以来変わらない酢大豆。経木に達筆の品書は旬の魚のほか、冬ならばおかみ手造りのニシン漬がすばらしく、食べても食べても飽きない。

かまどの神のお札を貼った半世紀以上使い続けているかまど周りがいい。先代が京都で見つけた油差しを気に入り、その形に清水焼の焼締めで作らせた燗瓶を、直に火にかける焼燗の燗酒は、看板の〈炉燗酒洞〉に恥じず、燗具合は絶品だ。着物に、古風な長い白割烹着のおかみは、すらりとした涼しげな美人で、日本三大白割烹着おかみの一人に確実に指を折る。冬の雪の夜のここの酒は忘れられない。北海道随一の名居酒屋と言い切ろう。

住所 北海道旭川市二条通5-左7
電話 **0166-22-6751**
営業 17:00～23:00　日曜・祝日休
席数 カウンター13席　小上がり20席　個室1（25席）
交通 旭川駅より徒歩8分
酒　　風のささやき（純米・地酒）550円、絹雪（純米大吟醸・地酒）750円、男山（北海道限定）750円、国士無双 烈（地酒）600円、炉燗酒550円、能代（秋田）750円、七賢（山梨）600円
料理　おかみ旬の盆（季節の刺身、サラダ、煮魚、小鉢3品）1600円、もつ焼650円、新子焼900円、ほっけ焼950円、ししゃも650円、身欠にしん750円、甘えび刺750円、活真つぶ1000円、いか塩辛400円、おかみ手造りにしん漬（11月～2月限定）

名居心地

日本居酒屋遺産

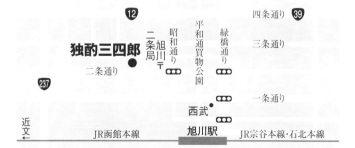

しらかば

北の町・釧路の活気とうまい肴

変形カウンターに小さな炉端焼囲炉裏が鎮座。熱々の出し汁に豆腐とぽってりした牡蠣二個が浸る伝統のお通し〈牡蠣豆腐〉は大人気。湯気を上げるおでんは小壺のおぼろ昆布が黙って出され、おつゆに浸すとよい箸休めだ。最近扱い始めた〈阿寒エゾ鹿焼〉は一皿三串が塩・醬油・味噌で出され、さてお好みはとなる。醬油タレの癖のある味付けは聞くと「ハハーン」と納得だ。酒は釧路の地酒『福司』とゆこう。

胸に挟んだ割箸二本がトレードマークの元気な白割烹着おかみさんと二人のお姐さんの活気がすばらしく、茶々を入れながら飲む酒の愉快さに満ちる。欠かしてならない〈しらかば団子〉は左党のあなたでも「おかあさ〜ん」と涙する名品だ。品書き隅にある〈浮気丼〉とは何かは、ぜひお確かめください。ロマンあふれる北の町・釧路に魅力の名居酒屋あり！

住所　北海道釧路市栄町2-3
電話　0154-22-6686
営業　17:30〜24:00　日曜・祝日・年末年始休（夏季休暇あり）
席数　カウンター16席　小上がり14席
交通　釧路駅より徒歩10分
酒　　福司（本醸造地酒）500円・季節限定搾りたて700円〜、北の勝（本醸造・根室）500円・季節限定搾りたて700円〜、焼酎：日向木挽、一刻者、鍛高譚など500円〜、ビール各種500円
料理　ししゃも750円、阿寒エゾ鹿焼750円、しらかば団子400円、おでん各種100円〜、その他、焼魚、刺身、自家製品各種を時価で

名料理

名居心地

北海道

万年青(おもと)

朝5時までやってる本当の地元の店

釧路は炉端焼の町でおよそ五〇もの店がある。ここのその年季の入った店内は長年の油煙で漆光りしているが、拭き込まれ清潔だ。

炉端焼魚の最高峰メンメ(キンキ)は、どの店でもよい値段がするが、二、三人でとればよい。その食べ終えた骨で作ってくれる吸物〈骨湯〉はたいへん美味で体が温まる。ほぼ一年中ある焼牡蠣、銀色に光る身欠きニシン、春先の、バターと味噌でホイル焼きにした行者ニンニクもご当地ならでは。囲炉裏の灰に突っ込んで焼く焼茄子もおいしい。地元で人気の、タレに漬けた豚の巨大ステーキ三〇〇グラムに挑戦するもよし。開店以来使い続けて、今はみごとに変形したフライパンで焼く玉子焼は絶品。

屋台から始めて五〇余年。朝五時までやっており、店の仕事を終えた人が来る本当の地元の店。お母さんを手伝っていた息子さんは東京神楽坂に支店を出した。

住所　北海道釧路市栄町4-2
電話　0154-24-4616
営業　17:00〜5:00　月曜休
席数　カウンター25席　小上がり10席程度
交通　釧路駅より徒歩10分
酒　　福司(釧路)・男山(山形)・北の勝(根室)800円〜
料理　めんめ(きんき)時価、ほっけ1300円、ししゃも時価、柳がれい800円、八角2000円、卵焼500円、味付肉1200円、かき焼1個300円、つぶ刺1500円、くじら刺1300円、おじや1000円、豚丼1000円、はも丼1000円、各種お茶漬600円

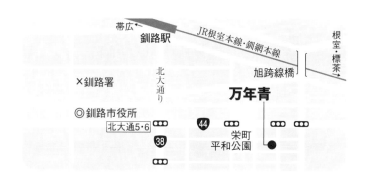

函館山
はこだてやま

地元の酒好き
料理好きが集まる

新幹線開通で行きやすくなった函館は、まだ北海道炉端焼圏内ではない新鮮な海の幸が魅力だ。函館駅前には朝市に並ぶウニやイクラ、ホタテを看板にする大きな居酒屋がいくつもある。やや離れた大きな店「函館山」は観光客よりも地元客が中心。

函館はなんといっても朝捕れのイカ。カウンター角の水槽に泳ぐのを網で捕まえ、水中でしゅぽっとゲソを抜き、すいすい切っておよそ一分。切られながらも事態がわからず動き回るゲソがらむ刺身は透明な甘味がたまらなく、これ以上ない新鮮清潔な生肝は酒飲み感涙だ。

もう一つ絶対は〈じゃがバター〉のうまさ。かつて高級品のバターに手が出ない庶民はいか塩辛を乗せた。その味は北海道のソウルフード、ぜひお試しを。よく気がつくお母さん、ハンサムな息子、ベテラン板前、地元客に囲まれて旅気分は最高だ。

- 住所　北海道函館市松風町10-15
- 電話　**0138-22-7747**
- 営業　17:00〜1:00（LO24:30）　月曜休
- 席数　カウンター14席　テーブル3　個室5（4席・8席×3・10席）
小上がり38席
- 交通　函館駅より徒歩7分
- 酒　生ビール480円、伊佐美グラス680円、千歳鶴300ml780円、みそぎの舞1合600円、磯自慢1合550円、獺祭1合800円、一ノ蔵1合550円、焼酎常備20種類
- 料理　三点刺980円、ホッケ680円　※前日までの予約でおまかせコースあり。飲み放題（2時間）4000円〜

東北

大震災をのりこえて
居酒屋は復活した。
そこに通い続けよう。

- ふく郎▼青森
- しまや▼弘前
- ばんや▼八戸
- 八戸横丁▼八戸
- 酒盃▼秋田
- ん。TACHIKAWA▼秋田
- べらぼう▼能代
- 海ごはん しまか▼盛岡
- 櫻山横丁▼盛岡
- 愛染横丁▼盛岡
- こまつ▼一関
- 喜の川▼一関
- 源氏▼仙台
- 一心▼仙台
- 酔亭▼仙台
- 福よし▼気仙沼
- 籠太▼会津若松
- 鳥益▼会津若松
- いな舟▼鶴岡
- 久村の酒場▼酒田
- まる膳▼酒田

東日本大震災から五年。東北の居酒屋は力強く復活した。店のすべてを失った気仙沼の「福よし」も先頭に立って〝希望の光〟となった。

沿岸部の酒蔵の多くが廃蔵をまぬがれたのは、酒蔵がなくなることは地域の消滅を意味するとの強い危機感があったからだ。震災以降の酒は、それまでの重厚な東北酒から、清らかな温かみのある、人の想いをのせた酒に変わったと感じる。東北居酒屋の要たる水産業も次第に復活し、牡蠣も回復した。しかし港そのものは行政の遅れもあってまだ完全にはほど遠い。

居酒屋の復活は住む人々を元気づけた。そこに居酒屋の力を見る。我々はさらに応援しなくてはならない。東北の酒、魚介野菜を味わい、東北の居酒屋の常連になろう。「通い続ける」ことが大切だ。ここに紹介するすべての店があなたを待っている。

ふく郎

魚とねぶたの迫力に圧倒される

風にはためく、えび茶のれんをくぐると長いカウンター、奥には入れ込み座敷。魚を見よ。厚切り鯖刺身はきれいに脂が散り、ブリのように見えるが身は締まった海峡鯖。全国で鯖を食べたがこれほどの妖艶はない。俎板に叩きつけるときゅっと身がそっくり返る活きつぶ貝は、香りはサザエに近くコリッと甘い。ぽん酢に青柚子皮、黄菊花弁を散らしたナマコは、ナマコ狂の私を絶句させた文句なしの過去最高だ。日本海、津軽海峡、太平洋と異なる海に三方を囲まれた青森の魚の実力をまざまざと知る。「田酒」「豊盃・ん」など地酒も完璧だ。座敷に無造作に置いた、祭に使った本物ねぶたの頭は灯が入り、大きさと迫力に圧倒される。まさにザ・青森。

西の「さきと」、東の「ふく郎」と言おう。控えめ朴訥な中に自信を感じさせる主人も似ている。東日本屈指の名居酒屋。

住所　青森県青森市安方1-10-12
電話　017-777-3988
営業　17:00～23:00（土曜日～22:00）　日曜・祝日・年末年始・漁の無い日休
席数　カウンター8席　小上がり4席
交通　青森駅より徒歩10分
酒　　豊盃・ん500円、愛娘（純吟）600円、東北泉（純米）600円、田酒（特純）700円、亀吉（純米）600円
料理　お刺身ちょっと盛り980円、活ツブ刺780円、活ホタテ刺580円、活生子(12～2月)450円、天然ホヤ刺(6～8月)680円、ニシン飯寿し450円　＊その日の仕入れで変更

名料理

しまや

津軽本物の郷土家庭料理

東北

繁華街からはずれた住宅地の、なんでもない構えの店。カウンターにずらりと並ぶバットは〈もやしとスケソウ子(たらこ)〉〈鶏モツと葱〉〈ミズ(山菜)と油揚〉などなど。

ぬる味のある地きのこ〈サモダシ〉に残した山の気、〈やりいか酢味噌和え〉の微妙な味付けの調和。津軽では身欠き鰊を生味噌で食べ、シロ(細葱)を巻くと絶妙だ。最後は絶品の〈ジャッパ汁〉を。酒は弘前の名品「豊盃」の、ここだけに出している上撰を練炭七輪の鍋の湯で燗してくれる。

店を始めた嶋谷キミさんは『津軽料理歳時記』に「津軽の母はたいしたものよ」「その時期の旬の山・里・海の産物を合わせれば自然においしい料理になる」と書いた。今は娘さんが継ぎ、弘前大学の純真なアルバイト女学生が手伝う。その簡素清潔な居ごこちはすばらしい。

住所　青森県弘前市元大工町31-1
電話　0172-33-5066　0172-35-5993
営業　15:00〜23:00（LO22:30）日曜・年末年始休
席数　カウンター8席　個室4（各8席）　小上がり1
交通　弘前駅より車10分（駅前より100円バスあり）
酒　　豊盃(清酒)銚子370円、豊盃(純米酒)銚子500円・4合瓶2300円、焼酎常備4種類、生ビールは夏季のみ（4月〜）
料理　ミガキニシンの煮つけ450円、鱈のジャッパ汁700円、けの汁700円、ハタハタの田楽(炭火焼き)600円〜、貝焼き味噌700円　宴会受付可

名料理

名居心地

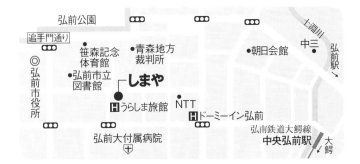

ばんや

八戸に郷土料理の名酒亭あり

市内の交差点に忽然と建つ千本格子の木造二階家。古い番屋をイメージしたという店内は干物などが下がり、いい艶がでている。〈イカのとも和え〉〈ニシン入り蕗わらび〉〈なめこの麹南蛮漬け〉〈馬肉味噌煮〉〈めぬけのカマ〉などカウンターに並ぶ大鉢が湯気を上げるうれしさ。単純な〈茗荷の味噌炒め〉が、なぜこれほどうまいのか。代わりに本物の味がある。飾り気はない酒は地元をはじめ全国銘酒が揃う。地酒はあまり洗練されすぎてもつまらないですよ、と言う主人は東京で美術を学んだ画家であり、書家、随筆家でもある。そのやわらかな南部なまりを聞きながら〈焼がぜ(ウニの貝詰め焼)〉あたりで一杯やっていると東北の奥深くで飲んでいる気分満点だ。質朴ながら端正な酒亭の風格。今はおもに息子さんが立つ。みちのくの奥に名酒亭あり。

住所 青森県八戸市朔日町4
電話 **0178-24-5052**
営業 18:00～23:00　日曜・祝日休
席数 カウンター9席　テーブル13席　いろり6席　座敷15席
交通 本八戸駅より徒歩15分
酒　 杉玉(吟醸)750円、八仙(いさり火)700円、駒泉(真心)700円、黒龍各種600円～、あづまみね(吟醸)700円、豊盃(純米)700円
料理 まつぶ貝刺身1000円～、ほっき貝800円、八木産ほや600円～、生うに(夏季限定)1100円～、焼うに1000円～、馬刺1300円、いか焼600円、目抜かま煮700円～、三平汁(冬季限定)700円、くじら汁(冬季限定)800円、ヒエ飯定食800円

名料理

名居心地

八戸横丁
(はちのへよこちょう)

東北の旅情あふれる人情横丁

北の町・八戸には、その名にふさわしく八つの飲み屋横丁がある。古いのはたぬき小路／五番街／ロー丁れんさ街／長横町れんさ街／ハーモニカ横町。

ロー丁れんさ街の「おかげさん」は陽気な美人姉妹の店。南部せんべいを使う〈せんべいピザ〉は塩辛・長芋・海苔佃煮などあって超グッド。お姉さんのタバスコ踊り、妹さんが「裏メニューもあるわよ」と後ろを向くと背中に別メニューが貼ってあるお茶目。畳一畳小上がりのコタツの魔力は、一度入ると抜けられません。

同じロー丁「かこい」は新しく明るいカウンターと小机二つ。八戸前沖の名品・銀鯖は〆鯖のほか〈鯖シャブ〉が、赤い背身、脂ののった腹身の両方を紅葉おろしで最高。作り置きの〈鶏醬油煮〉もおすすめ。若い主人が好漢だ。

長横町れんさ街の「山き」はJR東日本

おかげさん

住所	青森県八戸市鷹匠小路1（本八戸駅より徒歩10分）
電話	0178-45-0415
営業	17:30～23:00（LO22:30）　日曜・月曜日の祝日休
席数	カウンター8席　個室2（8席、20席）　小上がり1
酒	八仙生酒1合700円、安東水軍特別純米1合650円、豊盃特別純米1合700円
料理	いかゴロ鉄板焼700円、ちょぺっと塩サバ(大)650円、銀タラ焼900円

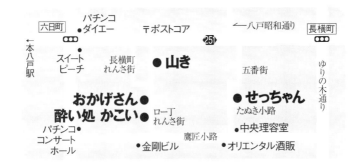

東北

のCMで吉永小百合様を撮影した店。落ち着いたカウンターのお座りになった席は人気だが、セーターのママさんが負けない女優型美人。湯気を上げる〈かっけ〉と大皿料理とともにファンが多いのもうなずける。

ディープゾーン・たぬき小路の焼鳥とお総菜「せっちゃん」は四〇年続く横丁の生き字引。お母さんはお歳なのにお肌つやつや、言語明瞭に笑って話し、しみじみと八戸カウンター酒場の良さを味わえる。奥のコタツ部屋も最高だ。

新しいみろく横丁/花小路/八戸昭和通りは若い人の多い屋台横丁で、襦袢着物美女の店など夜おそくまでにぎやか。〆の八戸ラーメンもおいしい。

さほど大きくない八戸の中心に集まる横丁は、うつろ目ホヤ顔の横丁キャラクター「よっぱらいホヤじ」に導かれ、どこも東北の旅情と人情がいっぱいだ。

酔い処 かこい
住所　青森県八戸市鷹匠小路1（本八戸駅より徒歩10分）
電話　**0178-43-3719**
営業　17:00～2:00　不定休
席数　カウンター7席　テーブル2
酒　　陸奥八仙1合680円、菊駒純米1合600円、六趣グラス600円
料理　銀鯖のシャブシャブ780円、八戸シーフードピザ600円、帆立貝焼680円

山き
住所　青森県八戸市長横町18（本八戸駅より徒歩10分）
電話　**0178-44-0711**
営業　18:30～23:00　日曜・月曜・年末年始休
席数　カウンター9席　小上がり1（4席）
酒　　陸奥八仙800円、宝山800円、山ねこ700円、生ビール500円
料理　かっけ700円、サバ味噌煮500円、豚の角煮700円、大皿料理300円～

せっちゃん
住所　青森県八戸市鷹匠小路4（本八戸駅より徒歩10分）
電話　**0178-44-8368**
営業　17:30～22:30　お盆・年末年始休
席数　カウンター6席　小上がり1
酒　　日本酒2合800円、焼酎グラス400円、瓶ビール600円
料理　もつ煮込500円、やき魚各種500円、八戸せんべい汁500円

酒盃
しゅはい

酒、肴、居心地
すべて満点

東北

市役所近くの大きな三角屋根。玄関周りは番所風だ。靴を脱いで上った店内は予想外に広く、板張り、高い天井、縄を巻いた太い丸柱は、まるで黒澤映画の武家屋敷のようで、豪壮な空間に圧倒される。ピカピカに磨かれた室内に、裸電球の光が野花をやさしく照らす心づかいがいい。

ここの料理はすべて秋田の昔からの郷土料理に準拠し、主人が洗練を加えたものばかりだ。塩鯨と茄子、白魚と蓴菜などの貝焼がホタテ貝殻でふつふつと煮えてくる嬉しさ。夏の岩牡蠣は象潟の最高級品。秋田名物のいぶりがっこもたいへんよく、肴は皆一級。酒も秋田の秀品がずらりと揃う。

剃髪の主人は控えめにしているが声をかけると莞爾と笑う。器はすべて自作なのだそうだ。ここに座り飲んでいると秋田の風土や人が自然に見えてくるように感じる。東北居酒屋屈指の名店。

住所　秋田県秋田市山王1-6-9
電話　018-863-1547（電話予約14:00〜）
営業　17:00〜23:00　日曜休（連休は最終日休）　※金・土曜は要予約
席数　カウンター10席　テーブル1（20席）
　　　掘ごたつ2（4席×2）　個室2（5〜10席）
交通　秋田駅より車で7分
酒　　酒盃（純米吟醸）1合800円、酒盃（活性にごり酒）1合700円
料理　くじらとなすの味噌貝焼（くじらかやぎ）800円、いか鍋（いか肝と野菜の貝焼）600円、比内地鶏石焼800円、砂肝とレバー刺（限定）700円、比内地鶏刺身800円、生豆腐（造りたてのおぼろ豆腐）400円、いぶりがっこ600円、手打そば（限定15食）600円、おまかせ（8品）4000円

名酒

名料理

名居心地

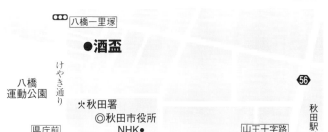

ん。TACHIKAWA

地産地消、秋田に名料理あり

東北

古い繁華街川反通りの橋をわたった先の細い石畳路地奥の格子戸玄関は京都のようだ。薪ストーブが燃える店内はフランス田舎のビストロ風。摘草料理で名高い京都「美山荘」で修業した主人は、結婚の挨拶で訪れた奥様の故郷秋田の大自然と豊かな産物に魅せられ、自分の店をここに開いた。

秋田の海の幸の新たな発見、自分の畑、キノコ栽培、山菜採りなど徹底した地産地消を腕に憶えた技で扱う料理は変幻自在に魅了する。渡り蟹の酔っぱらい、馬肉たたき、フグのたたき、自家製生ハム、行者にんにくソーセージも自作、野菜の朴葉味噌焼きがなぜこれほどおいしいのか。さらに鍋、パスタ、ピザ。美酒王国の名に恥じない秋田地酒の勢ぞろいは、奥様の実家、川反通りの「まるひこ酒店」の厳選だ。

酒、料理、居心地、考え方、そのすべてが満点の、今の日本の居酒屋の最前線。

住所　秋田県秋田市中通5-5-39
電話　018-831-5665
営業　18:00〜23:00（LO22:30）日曜休（祝日不定休）
席数　カウンター5席　テーブル17席
交通　秋田駅より徒歩20分・タクシー5分
酒　　新政No.6Xタイプ1合1100円、雪の茅舎美酒の設計1合800円、一白水成1合800円、春霞1合700円、山本1合800円、天の戸1合900円
料理　渡りガニのよっぱらい時価、自家製行者ニンニクソーセージ2本600円、自家栽培の野菜料理600〜800円、自家栽培のきのこ料理600〜800円、酒盗ピザ600円　※季節によりメニュー・価格は変動

名酒

名料理

名居心地

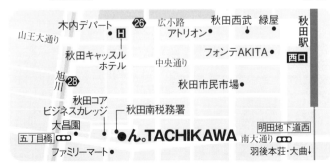

べらぼう

みちのくの旅情ふかまる

東北

店名は玄関や店内に飾られる、ぎょろ目で舌を出したユーモラスな凧絵「べら坊」のこと。品書きの〈やつめ串焼〉は、目から脇腹に七つ穴がある八つ目鰻の活きくぱく空ける口は手に吸い付き、噛みついてくる。串焼きは鰻と川魚の中間のひなびた味だ。酒は能代名酒「喜久水」がよくそろい、オリジナル純米吟醸「うぼらべの酒」は冷やがたいへんおいしい。

べら坊と八つ目鰻を足したような（？）主人はヌーボー飄々として、ときに座って話し込み魅力がある。小鍋王国・秋田らしく〈蕈菜鍋〉〈鯨貝焼き〉などいろいろあるが、代表はやはり〈だまこもち鍋〉で、比内地鶏出汁に、だまこ（半殺し飯の団子）と細麺能代うどん、たっぷりの野芹に何もかも忘れて没頭する。

旅に出て、地方奥地の居酒屋に入る醍醐味を最高に味わえる楽しい店。

住所　秋田県能代市柳町2-39
電話　0185-54-4066
営業　17:00〜23:00　月曜・年末年始休（夏季休暇あり）
席数　個室1（全4席）　小上がり5席
交通　能代駅より徒歩10分・車5分
酒　　喜久水縄文能代（吟醸）600円、一時（純吟にごり）800円、喜三郎の酒（純吟）800円、うぼらべの酒（特純）600円、白瀑純吟山本700円、海の男の祝い酒600円ほか約30銘柄常備
料理　だまこもち鍋1人前1000円、ハタハタ焼700円〜・ハタハタ塩魚汁（しょっつる）1000円（冬季）、比内地鶏焼1本150円、豚のなんこつ焼700円、八ツ目鍋時価（冬季）、蕈菜鍋800円（初夏）

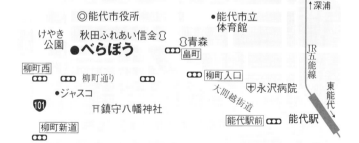

海ごはん しまか

鮮魚店の開いた居酒屋

実家は盛岡の島香魚店で、東日本大震災後の六月に宮古港に揚がる魚をどんどん食べてもらおうと居酒屋を開店した。魚は本業だけに毎朝の仕入れも、その調理法もお手のもの。すべて注文に応じて捌き、一番おいしい食べ方も知っている。珍品〈どんこ丸焼〉は顔はコワイがきれいな味。〈かじか〉は胆・葱・大葉・味噌などを腹に詰め野趣満点だ。

大黒板に詳細に書かれた料理と「月の輪」「綿屋」「酔右衛門」など地酒日本酒やワインの品書きは見ているだけで楽しめ、魚屋らしい威勢のいい奥さんと、ソフトな人当たり酒担当主人のざっくばらんコンビが店を明るくして、一人飲みもグループも愉快にやれる。奥さんが娘時代二六歳で応募した「第一回風のまち川柳大賞」で一等になったのがこの名作。

〈口笛がやがて大きな風となる〉

住所　岩手県盛岡市中央通1-11-15　マルビル1・2階
電話　019-652-9123
営業　17:00〜24:00　無休
席数　1階カウンター25席　個室14席・2階テーブル／個室全70席
交通　盛岡駅より徒歩15分
酒　　酔右衛門グラス680円〜、堀米グラス650円〜、綿屋グラス690円〜、喜久酔グラス670円〜、秋鹿グラス670円〜、凱陣グラス700円〜、生ビール(中)450円、ワイン常備10種類・スパークリングワイン常備3種類
料理　刺身盛合わせ7品1人前1500〜2000円、焼魚・煮魚・揚魚・炒め物常時各5〜10種類(時価)、旬のおまかせ3000〜10000円

櫻山横丁(さくらやまよこちょう)

日本一の居酒屋横丁が盛岡に

東北

盛岡城・内丸の櫻山神社参道は戦後にバラックから建てられ、今は三筋の横丁におよそ九〇軒が木造二階で連なる。戦後の雰囲気を残した居酒屋は若い人の出店が増え、郷愁にとどまらない活気が楽しい。

鶴ヶ池側の「陽SUN」は宮古直送魚介に日本酒の揃えがみごと。南部杜氏の故郷・紫波町の酒に超新鮮ホヤ、牡蠣酢がよく合う。働く三人の息もぴったりだ。

参道筋の老舗居酒屋「中津川」「茶の間」は自分の家で飲むようなくつろぎ感がよく、郷土料理がなんでもある。焼鳥なら「鳥正」。餃子で一杯なら「白乾児(パイカル)」。「櫻山ブドウ園」は木造りの落ち着くワインバー。兄貴分のようなマスターは自分の家庭菜園の野菜を店で使う。

鳥居に近い「ハタゴ家」は、おでんに旬の魚と山菜の典型的な居酒屋。一品ごとに小皿で出すおでんは一皿一〇〇円。二階座

陽SUN(さん)

住所　岩手県盛岡市内丸4-19(盛岡駅より徒歩20分)
電話　019-681-3400
営業　18:00〜24:00(LO23:00)　水曜・年末年始休
席数　カウンター4席　テーブル12席　個室1(16席)
酒　　酎右衛門特別純米グラス600円、宝剣・貴グラス各550円〜、生ビール550円
料理　宮古直送の刺身盛合せ800円〜、どてやき400円、拘りの奴300円

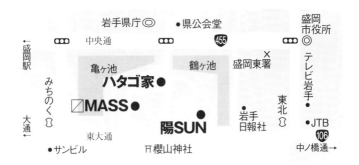

東北

敷もまことに居心地よく、上から「オーイ、酒追加！」と大声を出すと、すかさず「ただいま！」と階段を駆け上がってくる。

亀ヶ池側の「⌀MASS」は古い二階家を吹き抜けにした開放感がいい。南欧風の明るいベージュ土壁に日本の古家具や古道具を置いたセンスは巧み。カウンターにはめ込んだガラス蓋のネタケースにうまそうな刺身が並ぶ。

櫻山横丁はお決まりの再開発運動がおきたが東日本大震災にもびくともしなかった実績をふまえ、一転、盛岡の貴重な観光名所として保存整備と決定。盛岡じゃじゃ麺で有名な「白龍（パイロン）」では吉永小百合様のCMを撮影するまでになった。

旅先の酒の楽しみは横丁にある。どこも健全安心は保証する。市の英断をたたえ、ここで飲もうじゃないか！

ハタゴ家

住所　岩手県盛岡市内丸5-14（盛岡駅より徒歩20分）
電話　**019-652-2130**
営業　17:00〜24:00　年末年始休
席数　カウンター7席　テーブル16席　個室1（6席）
酒　　豊盃特別純米・大七生酛純米・鶴齢純米各1合550円、万年星グラス500円
料理　おでん（通年）各100円、三陸宮古産季節の刺身480円〜

⌀MASS （かまどのある家／酒をよぶ食卓）

住所　岩手県盛岡市内丸5-3（盛岡駅より徒歩20分）
電話　**019-651-1510**
営業　15:00〜24:00（LO23:30／土・日・祝日〜23:00・LO22:30）　年末年始休
席数　カウンター7席　個室1（6席）　小上がり23席
酒　　南部美人純米吟醸1合680円、伯楽星純米1合650円、神亀純米1合680円
料理　三陸直送魚料理各種380円〜、三元豚佐助メンチカツ380円

中津川　電話　**019-651-1647**
茶の間　電話　**019-651-4583**
鳥正　電話　**019-651-6270**
白乾児（バイカル）　電話　**019-622-7242**
櫻山ブドウ園　電話　**019-626-3908**

愛染横丁(あいぜんよこちょう)

落ちついた蔵で
日本酒も焼酎も

東北

盛岡の魅力は中津川。その中の橋あたりは古い銀行ビルが残り、盛岡で一番よい所だ。「川と銀行　木のみどり　町はしづかにたそがるる」宮沢賢治の詩が似合う。

そこの小路の名をつけた「愛染横丁」は細路地の入口が魅力的な、蔵を改装した居酒屋だ。一階はカウンター、二階は広間。蔵に残っていたという豆絵札が白壁を飾る。

〈カツオのタタキ漁師風〉は、すり下ろした玉ねぎをかけた珍しいもので、一度お試しあれ。秋の地もの〈きのこ汁〉もすばらしい。日本酒に力を入れる主人が選ぶ月替わりの酒が好評だ。父母娘の三人の清潔な雰囲気の店内はとても感じがよく、女性ファンが多いのもうなずける。

私は東北の落ち着いた町盛岡が大好きで、最初はいつもこのカウンターだ。好きな町のなじみの席に着き、さあ今夜をどう過ごそうという至福の時間。

住所　岩手県盛岡市中ノ橋通1-3-21
電話　**019-651-9052**
営業　平日17:00〜22:30（LO22:00）
　　　土曜17:00〜21:30（LO21:00）　日曜・祝日休
席数　カウンター7席　座敷20席
交通　盛岡バスセンターより徒歩2分
酒　　ビール(生)495円、てづくり七福神(地酒・大吟醸)1合755円、南部美人(地酒・純吟)1合650円、浜千鳥(地酒・純米)1合595円などの日本酒と本格焼酎有り
料理　ぶりカマ750円、厚焼玉子360円、カツオのタタキ漁師風670円、ホルモン煮込515円、あじのなめろう840円、岩手豚五色ソーセージ820円

こまつ

蔵で味わう 地の酒、肴、蕎麦

東北

闇夜に白壁の蔵が美しくライトアップ。のれんも提灯も白。明治三〇年築の醬油蔵を改装した内部は栗の太柱がみごとだ。まずは水山養殖場の牡蠣をぺろり。牡蠣は一年中食べられ、春から夏が旬という。塩で食べる〈岩手特産曲がり葱の天ぷら〉は甘くとろける。驚くべきはお母さんが畑で作っている、一粒がピンポン球より大きい超巨大無臭にんにくだ。味噌で食べる〈にんにく揚げ〉は絶対経験すべし。秋からは鮭とイクラの〈紅葉漬〉が燗酒の友に最高だ。オリジナル酒「こまつ」(廣田酒造)は、南部杜氏にしてはとても腰が柔らかいのは女性杜氏のゆえか。とりわけ生酒は高いアルコール度数を感じさせない逸品だ。代替わりした息子さんは大黒柱の落ちつきが出てきて、お母さんも目を細める。瀟洒な蔵空間、実力ある料理、家族の雰囲気が温かい名店。

名居心地

住所	岩手県一関市大町6-20
電話	0191-23-5744
営業	17:30〜22:00（LO21:30）　日曜・祝日・年始休
席数	カウンター6席　個室1（20席）　テーブル2席
交通	一ノ関駅より徒歩約7分
酒	特別本醸造こまつオリジナル生酒500円、喜平治(特別純米原酒)510円、田酒(特別純米酒)740円(季節で多種あり)、焼酎：村尾900円・魔王800円など常備60種
料理	水山カキ(2個)720円(9月以外通年)、カキのネギみそ焼800円、岩手みなみ牛焼1200円、無臭にんにく揚げ600円、曲りネギ焼410円、コース料理3000〜3500円

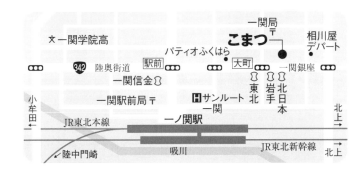

喜の川(きのかわ)

東北地酒を カウンターでゆっくり

一ノ関駅のすぐ近く。「酒肴」と大書した幕が目印だ。お通しはカウンター上の大皿から選べるとのことで〈ソイ唐揚〉〈肉じゃが〉〈さんまつみれ煮〉〈よせ豆腐〉から、好物の〈真ダラ煮付〉を選ぶ。

気仙沼港直送戻りカツオの生姜、ニンニクをたっぷり添えた特厚切りはしなだれかかるように大きく赤色が濃い。味は濃厚、鼻に抜ける鉄の香りもすばらしく、南部杜氏のどっしりした一関地酒「関山」が合う。

全国地酒、特に東北はよく揃い、額装した日本酒ラベルの数々に入る稲穂や紅葉に酒への愛を感じる。料理は小ぎれいなだけでなく、いずれも実質があり東北らしい。

奥座敷からのにぎやかな声をカウンターで聞き流し、きさくな店長、味のある板さん相手に傾ける一杯はくつろげる。やはり晩秋から冬をすすめる。ジャズファンはお帰りに「ベイシー」をお忘れなく。

住所	岩手県一関市上大槻街2-7　秀和ビル1階
電話	0191-26-5578
営業	17:00〜23:30（LO23:00）　日曜・年末年始休
席数	カウンター10席　個室2（10〜20席）
交通	一ノ関駅より徒歩2分
酒	岩手：関山・月の輪・浜千鳥・南部美人他、青森：田酒、秋田：雪の茅舎・天の戸・まんさくの花他、宮城：有壁の隠し酒他、山形：出羽桜他、福島：大七他各種500円〜1500円
料理	お通し（3〜4品から1品）350円、よせ豆腐350円、お刺身盛合せ1500円〜、黒ソイ刺700円、アイナメ刺700円、やまと豚黒こしょう焼700円、コース3000円〜（要予約）

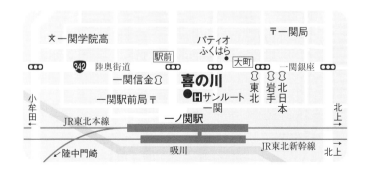

東北

源氏(げんじ)

文化横丁に古きよき居酒屋の風情

東北

飲み屋小路の町仙台でも、最も古い文化横丁のそのまた奥、人ひとりようやく歩ける細い路地に、東北屈指の古きよき居酒屋がある。明治の石造り米蔵を改装した店内は床も石畳。昭和二五年の開店から全く変わらない。舟底天井の下のコの字カウンターの長腰掛は、長年の客の尻ですり減り、微妙なカーブをつくる。四隅の行灯がぼうっと明るい。

開店以来六〇年以上続くぬか床のぬか漬、次に温めた豆腐など、酒一本ごとにお通しが出る。古風な流動式燗付器の燗酒は絶品だ。白い割烹着のまぶしい細面のおかみさんが静かに応対する雰囲気は、学都仙台・東北大学の先生や市の要職の方の常連も多く、時間が停止したようなたたずまいは心を落ち着かせ、一人でも来たくなる。

居酒屋は古いほど良いとしみじみと実感する名店。日本三大白割烹着おかみの一人。

住所　宮城県仙台市青葉区一番町2-4-8
電話　022-222-8485
営業　17:00〜23:00　日曜・祝日休
席数　カウンター20席
交通　仙台駅より徒歩10分
酒　　ビール(中ジョッキ、お通し付)1000円、高清水辛口1杯(お通し付)900円、高清水初しぼり(お通し付)1杯1000円、特別純米浦霞(お通し付)1杯1100円、國盛(にごり酒、お通し付)1杯900円
料理　ぬか漬500円、ごま豆腐500円、いか塩辛500円、いか一夜干600円、めひかり一夜干500円、葉わさび600円、いわしぬた700円、あなご煮付800円、〆さば900円、岩がき時価、がぜうに時価

名居心地

日本居酒屋遺産

一心
いっしん

宮城地酒を最上の魚で味わう

欅並木が美しい定禅寺通り近くのビル地下。カウンターか小上がりの席に座り、メッセージつきの親切な品書を見れば、充実した酒肴にふつふつと期待がわいてくる。酒は全国の最優良酒がきら星のごとく揃うが、まず奨めるのは宮城の地酒。壁の貼紙「宮城県産酒は宮城県民の宝です！」がこの店の心意気を表す。お通しの活きボタンエビに、一心でしか飲めない清雅な名品「伏見男山純米大吟醸中汲み」を合わせればまさに天にも昇る心地だ。

宮城沖産を中心とする魚介の、夏のホヤは鮮度抜群（それゆえない時もある）。冬のタラ尽くしもうれしく、近海本マグロ、キチジ姿焼きなど魅力の品がいっぱい。有機農法生産者明記の野菜も充実。酒も肴も良いと思うものはすべて試みている熱心さ、震災後復興にも先頭に立った日本中の居酒屋好きに信頼厚い屈指の名店。

住所	宮城県仙台市青葉区国分町3-3-1　定禅寺ヒルズB1階
電話	022-261-9888
営業	17:00〜24:00　日曜休
席数	カウンター9席　小上がり20席　個室あり
交通	地下鉄南北線勾当台公園駅より徒歩2分
酒	ヱビスビール(生)650円、橘屋(山廃純米吟醸)グラス900円、日輪田(純米吟醸)グラス800円、綿屋(純米)グラス800円、伏見男山(純米大吟醸、中汲み)グラス1000円、伯楽星(純米)700円
料理	つきだし(刺身3種盛)1500円、天然ほや(夏季限定)850円、定義さんの油揚500円、活穴子白焼2000円、伊達鶏塩焼600円、一心牛タン焼2200円、吉次(きんき)姿焼4500円〜、おひたし500円、本マグロ大トロ網焼4500円〜

名酒

名料理

酔亭(よいてい)

仙台奥座敷の隠れ家居酒屋

東北

仙台、いや東北一の繁華街・国分町のビル谷間の暗い路地の先に、飛び石、竹垣、植込み、門灯のアプローチはまさに隠れ家。重い引戸を開けるとカウンターで奥には座敷も。と聞くと敷居が高いようだが中にはいってみて雑然として、それが気楽だ。

ぶどうえび、いしかげ貝など宮城の魚介をはじめ、時季の活きホヤはもちろん、ふじつぼ、にら玉、納豆オムレツ、自家製鯨ベーコンまで酒飲みを喜ばせる品がそろう。私のおすすめは〈活蛸の吸盤〉だ。もちろん宮城地酒は勢ぞろい。

頭に手ぬぐい巻き、質問に答える時はウーンと目を閉じて言葉を探す正直店主と、からりと明るい女将は、夫婦ではないが長年の名コンビでそれぞれにファンがいる。店主が、仙台の魅力は住みやすさと情の濃さと言うとおり、地元居酒屋派はここ。の手打ち蕎麦は絶品です。

住所	宮城県仙台市青葉区国分町2-8-31
電話	022-224-5667
営業	17:30〜23:00（LO22:00）／土曜〜22:00（LO21:00） 日曜休・祝日不定休（年始年末・夏季休暇あり）
席数	カウンター8席　テーブル2（各6席）
交通	勾当台公園駅より徒歩10分
酒	東北の地酒（主に宮城の蔵元）ききちょこ600〜800円、本格焼酎グラス400円〜、日本酒リキュールグラス500円〜
料理	お刺身盛り合わせ1人前1800円、自家製鯨ベーコン1800円、旬の炭焼き魚600円〜、旬の大ぷら600円〜、仙台産おひたし400円〜、切込み（塩辛）400円〜、手打ちそば（十割）800円 ※メニューは日毎変更

福よし
日本一の焼魚は復活した

東北

日本一の焼魚・気仙沼の「福よし」は東日本大震災で店のすべてを失い、主人村上さんと働く弟さんは新築まもない自宅も失ったが、幸い家族は助かった。

それから二年。「六〇歳を超えた人生の仕上げ期に、行政を待っていたら間に合わない。たとえ五年後に立ち退きを言われても、今の自分の毎日を大切に生きたい」と店を再建。高台移転も考えたが「苦労して捕って来た魚の船を、目の前で迎えたい」と以前よりもさらに港の海岸に近く建てた。

遅々として復興の進まない暗い町の「福よし」にともった光は、人々が毎夜集まって励ましあい、やってきたボランティアにお疲れさんの酒を注ぐ場となった。

これぞ居酒屋の力だ。日本一の焼魚は復活、兄弟夫婦もまたともに働く。酒飲みを自任する人よ、気仙沼に行け。居酒屋が「希望の光」となっている姿を見よ。

住所	宮城県気仙沼市魚町2-5-7
電話	0226-24-0284
営業	17:00～22:00　日曜休
席数	カウンター7席　小上がり12席　いろり9席　個室2（4席、10席）
交通	気仙沼駅より車で5分
酒	オリジナル地酒 福よし2700円、男山2700円、両国 喜祥3780円
料理	おまかせコース2400～4800円程度 気仙沼産かつお・まぐろ・さめの心臓（もうかの星）・まんぼう・ホヤ・かき・うに他の刺身の盛り合わせ、きちじ・かれい・さんま・いわし・どんこ他のいろりでの炭火焼

名料理

名居心地

籠太(かごた)

板の間カウンターで会津の名酒と肴を

東北

打ち水、敷石の元料亭の立派な玄関を上がるとそこがカウンターだ。一、二階にいくつも座敷があるが、ここで主人相手の一杯がいい。身欠きニシンを酢でもどし、たっぷりの山椒で漬けた〈にしんの山椒漬〉は絶品中の絶品。干し貝柱の出汁で根菜やキクラゲなど山のものを煮た会津料理〈こづゆ〉は椀蓋で何杯もお代わりするおいしさ。隣町・会津坂下の日本一の〈馬刺〉、生絞り大豆の〈塩とうふ〉も欠かせない。

東京の大学を出て京都で料理修業した主人は郷土を研究し、日本酒や有機農業などを指導する兄貴分。話を聞きながら「飛露喜」以来続々と名品を生んでいる会津の酒をたっぷり味わえる。地元の豊富な木材を使った室内は落ち着き、ぜひ素足で木の床を楽しんでほしい。壁の「會」一文字は会津藩の隊旗。良いと思うことを進める会津藩士の気風が脈々と生きている。

住所　福島県会津若松市栄町8-49
電話　**0242-32-5380**
営業　17:00〜23:00　不定休
席数　カウンター14席　個室4(6〜30席)　テーブル3(各6席)
交通　会津若松駅より車で8分
酒　　籠太(オリジナル大吟醸)1050円、飛露喜(特別本醸造)840円、会津娘(純米吟醸)840円、泉川(純米吟醸)740円、萬代芳(純米吟醸)740円
料理　蹴飛ばし馬刺800円、こづゆ450円、にしんの山椒漬330円、にら饅頭500円、鶏シュウマイ450円、塩とうふ300円、籠太厚揚げ400円、地鶏朴葉焼き650円、鶏わさ650円

名酒

名料理

名居心地

鳥益(とります)

活気あふれる東北料理

東北

通りに面した玄関まわりいっぱいに飾る「料理居酒や鳥益」「鰻蒲焼」など木彫扁額は主人の作品。朱壁の店内は太い黒柱、蔵の鎧戸など豪快な番屋風で、古道具がいい味だ。小上がり座敷三つに、二階もある。特等席は雁行するカウンターで目の前いっぱいの料理ビラが頼もしい。魚・野菜・馬刺みな良く、一番人気は炭火焼の〈鳥大串セット〉。おすすめ〈どじょう鍋〉は熱々土鍋に丸どじょう・緑のニラ・黄の半とじ卵で悶絶級のうまさ。おすすめ第二はお母さんが時間をかけて焼く〈長なす焼〉。わらわら身もだえする削り節に醤油タラーリで、焼茄子好きは涙する。

美人店長の娘さんを中心に、きびきび働く女性ばかりの雰囲気がいい。今注目の会津地酒もよくそろい、人気銘柄を聞いてみるのもおもしろい。気風のある魅力的な町、会津の充実した一軒。

住所	福島県会津若松市宮町4-17
電話	**0242-32-8839**
営業	17:00〜23:00(LO22:30) 日曜休(年末年始休あり)
席数	カウンター12席 個室3(〜45席) 小上がり3
交通	会津若松駅より徒歩30分・タクシー5分
酒	会津娘純米1合750円・純米吟醸1合850円、飛露喜特別純米1合850円、花泉辛口1合630円・にごり1合630円、鳥益(さつま芋焼酎)720ml3700円〜、瓶ビール(大)680円
料理	刺身盛合1人前1150円〜、焼鳥大串1本各180円〜、どじょう鍋900円、自家製鰊山椒漬530円、馬刺900円、鶏の唐揚580円、このわた530円、宴会おまかせ6品2000円〜

名居心地

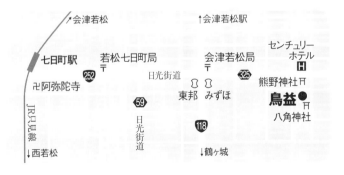

いな舟(ふね)

豊かな庄内の食を藤沢周平の町で

枯れた風格の鶴岡屈指の割烹だが、カウンターで気軽に地酒「栄光冨士」一式と、庄内平野の豊かな食を存分に味わえる。〈ハタハタ湯上げ〉はゆがいて大根おろしで食べるだけのものだがハタハタはこれが最高。名品・口細鰈はもちろんのこと、秋の一時期だけ出る大羽鰈のひと塩干しは言葉を失う絶品。ずいき(里芋の茎)を味噌で食べる〈からとり〉の郷愁ある味の良さ。庄内は、時期時期で食べなくちゃならんものが次々にあって……と語るなかに「ですのう」と入るのどかな庄内言葉がいい。

私に湯上げを教えた先代は亡くなられたが、その頃まだ少女だった娘さんは着物の若女将となり父の店をしっかり守る。鶴岡は作家・藤沢周平生誕の地。藤沢書く海坂藩の気概ここにあり。出た後は日本最高齢女性バーテンダーの名バー「南蛮居酒屋89(やぐ)」にぜひ。場所は教えてくれます。

住所　山形県鶴岡市本町2-18-3
電話　**0235-22-1061**
営業　17:00〜22:30（LO22:00)　日曜・年末年始休
席数　カウンター9席　個室3(全26席)　小上がり16席
交通　鶴岡駅より車で15分
酒　　冨士酒造なまいき・ひとりよがりなどの本醸造〜大吟7〜8種類1合400円・300ml800〜1000円・720ml1500〜8500円、大山生酒・大吟4〜5種類1合400円
料理　ドンガラ汁800円、むきそば400円、鯛カブト料理3000円〜、大羽鰈焼き物1000円〜、コース4000円〜　地魚が多いのでお店におまかせがおすすめ

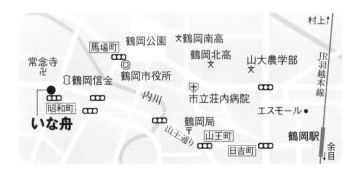

久村の酒場
(くむらさかば)

これぞ地元酒場の松の廊下

東北

北国らしい二重の戸を開けた土間に置く小さなコの字カウンターは天板がガラスで、下の小皿料理が見え、指さして注文できる。丸々太った子持ち〈めいか＝女いか〉の煮いか、ねばしゃきの海藻〈ぎばさ〉、いち押し〈〆鯖〉。庄内は日本で一番筍を食べる所で、厚揚を入れた粕汁仕立ての〈孟宗汁〉は春のソウルフードだ。

創業慶応三年になる古い酒屋が土間を開放して飲ませるようになったのが、次第に廊下（通称＝松の廊下）から座敷まで占領していったというのが面白い。酒屋だけに地酒銘酒は完璧。床置き石油ストーブの大きな寸胴に首まで浸かる「初孫」一升瓶二本の瓶燗は、ぬる燗なのにちっとも冷めてゆかず、いくら飲んでも飽きない。

誰もが好きな気さくな美人女将を囲む地元客で満員の和気藹々たる雰囲気、毎日来る八〇歳長老もいる、これぞ地元酒場。

住所　山形県酒田市寿町1-41
電話　**0234-24-1935**
営業　17:30～21:00　日曜・第2月曜・日曜祝日翌月曜休（年末年始休あり）
席数　カウンター14席　個室3（10席・15席・30席）　小上がり6席
交通　酒田駅より徒歩15分・タクシー6～7分
酒　　生ビール（ジョッキ）490円、瓶ビール（大）490円、初孫金印グラス270円、東北泉瑠璃色の海グラス790円、上喜元愛山グラス850円
料理　自家製〆さば750円、揚げげそセット370円、沖きすすりみ汁370円、長いも明太子焼き700円、孟宗汁（春限定）時価、うどかわらきゅうりづけ（夏限定）380円、岩カキ（夏限定）時価

名酒

名居心地

まる膳

洗練された家庭料理で一杯

東北

おかみさんは自分の勤める会社を息子さんにゆずり家庭料理の店を開いた。意欲がわき、雑誌で見た名料理人の少人数料理教室に応募。毎月一回、夜行寝台「あけぼの」に乗り東京に朝着いて教室、その夜戻る日々を四年続け、次第に料理は評判をよぶようになる。春のサクラマスは新にらがつきものの〈にらマス〉、冬の〈寒鱈汁〉〈あざみと油揚と砕いた厚揚げの煮物〉〈ホタテの塩麹漬け〉、手製の〈塩納豆〉〈紫蘇巻き〉など。「やはりプロは家庭料理とはちがう。庄内の豊かな食材を、教えられた腕で料理しよう」と東京に通ったみごとな成果だ。客のすべてが絶賛し、これだけを食べに来る女性もいる一番人気の〈飛島産岩海苔のおにぎり〉のすばらしさ。着物に白割烹着、山椒のすりこ木で大きな擂り鉢をごろごろあたる、小さく清潔な店の一杯は、地方料理を存分に楽しめる。

住所　山形県酒田市中町2-3-23
電話　**0234-24-2811**
営業　17:00〜22:00　日曜・祝日休（不定休あり）
席数　カウンター7席　小上がり14席
交通　酒田駅より徒歩20分・タクシー8分
酒　　上喜元純米吟醸1合760円、東北泉純米吟醸グラス700円、楯野川純米大吟醸　1合650円、初孫葵月特別純米グラス500円、菊勇三十六人衆純米吟醸グラス620円
料理　料理　刺身（季節に応じて）500〜750円、〆鯖750円、冬場寒だら汁600円、もつ煮込650円、たこの柔らか煮700円、煮物（季節に応じて）700円、天ぷら700円〜、岩のりのおにぎり420円

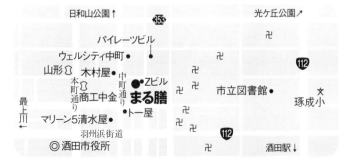

北陸

北陸伝いの日本海の魚、山の山菜。
地物の素直な味わいで
淡麗地酒をツイー。

案山子▼新潟　　　猩猩▼金沢
酒亭久本▼新潟　　大関▼金沢
こばちゃん▼新潟　かっぱ▼福井
魚仙▼長岡　　　　魚志楼▼三国
親爺▼富山
あら川／米清あら川▼富山
浜長▼金沢

　新潟、富山、石川、福井と続く北陸の居酒屋の楽しみは日本海の魚だ。焼魚の最高峰ノドグロや春先のホタルイカ、冬のブリなど四季にわたり魚を楽しめる。

　新潟は端麗な地酒が豊かに揃い、富山はかつて北前船が北海道から運んだ昆布を使った昆布〆が盛んだ。福井は鯖街道で京都とつながり、京の台所を支えたところで若狭湾の魚がいい。

　北陸の居酒屋は、土地の産物を素直に酒の肴にする素朴な店が多いと言えるが、加賀百万石の金沢は別格の料理文化をもち、治部煮、蓮蒸しなど京料理の流れをくむ凝った品が揃う。

案山子
（かかし）

淡麗銘酒を気軽に味わう

北陸

酒どころ新潟は手軽に入れる居酒屋が案外に少ないが、串刺焼魚を露地売りする本町市場に近いここは、昼の二時からやっているのがありがたい。

新潟銘酒に力を入れ、「越後の三梅＝越乃寒梅・雪中梅・峰乃白梅」一杯ずつの飲み較べも楽しい。私の好きな「鶴の友」「千代の光」もお試しを。黒板の魚は初夏のトビウオがおすすめ。新潟栃尾の名品油揚〈栃尾揚げ〉と〈のっぺい汁〉は欠かせない。フナベタの干物は香ばしく酒の友にぴったり。夏はだだちゃ豆と並ぶ枝豆の最高峰・茶豆。新潟は茄子の特産地で時季の〈焼なす〉は最高だ。

主人はさっぱりして、何のわずらわしさもなく酒を飲んでいられる。新潟単身赴任族も多そうだ。店名は主人が農家出身で、そうつけたとか。店を出たら向かいの「白龍大権現」に手を合わすこと。

住所　新潟県新潟市中央区東堀前通5-423
電話　**025-224-9401**
営業　14:00～24:00　日曜・祝日休
席数　カウンター10席　テーブル20席
交通　本町バス停より徒歩2分
酒　　鶴の友・〆張鶴・千代の光など新潟県産地酒10種を常備（大銚子740円）、十四代・飛露喜などや季節によって菅名岳・越乃景虎・亀の翁などもあり
料理　コロッケ630円、ハムかつ680円、もつ煮込530円、おぼろ豆腐530円、〆さば840円、いか味噌漬焼680円、柳がれい680円、そばサラダ740円、きのこ汁530円、季節の炊き込みご飯320円

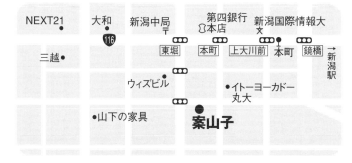

酒亭久本
しゅていひさもと

お座敷の雰囲気を居酒屋で

新潟古町は伝統ある古町芸者の花柳界で今も大きなお茶屋がある。近くの「酒亭久本」は女将がお座敷に上がる芸者さんで、店の艶っぽい空気がいい。まとめあげた黒髪に着物で「おひとつ」とお酌する仕草、酒脱な目配りが堂に入る。盃がのる盃台も居酒屋とはちがうお座敷の粋なしつらえ。板前の料理も刺身と器の合わせなど、ひとつ華やかな雰囲気をもつ。

はじめに出る〈お通し三点盛り〉の、ある日は〈牛蒡の牛肉巻/きのこ・ほうれんそう・かきのもと（菊花）の酢のもの/小さな鰺フライ〉。生いわしを塩漬けしてさらにぬかに漬けた、一度も火を入れていない〈ぬかいわし刺身〉はみずみずしいおいしさ。時季の〈黒崎さかな豆（酒の肴になる黒崎の枝豆）〉ははずせない。お座敷には上がれなくても、その空気を感じて粋に飲める貴重な一軒。

住所　新潟県新潟市中央区西堀前通9-1536-1
電話　025-222-3503
営業　17:00～23:00（LO22:30）　日曜・祝日休（お盆・年末年始休あり）
席数　カウンター12席　テーブル1（6席）　個室2（15席、3席）
交通　新潟駅よりタクシー7分・白山駅よりタクシー7分
酒　　朝日山千寿盃1合700円、麒麟山生酒300㎖1500円・大吟醸720㎖7000円、〆張鶴雪1合700円・大吟醸金冠720㎖9000円、越乃寒梅大吟醸500㎖8000円、ビール各種700円
料理　季節のお刺身2000円～、久本鍋（ウニとニラの卵とじ小鍋立て）1500円、ノドグロ焼き2500円、一夜干し柳カレイ焼き1500円、カニクリームコロッケ2個1200円

北陸

名料理

こばちゃん

飾り気ない地元酒場のよさ

北陸

地酒王国なのにいい居酒屋の少ない新潟であまり期待せずに入った「こばちゃん」は、出てきたお通しに目を見張った。〈豆鯵南蛮漬〉の甘味と酢加減、〈鰯のぬた和え〉のバランス。何気ない〈里芋といかの煮物〉は酢橘の緑の皮が香りを加え、それならと頼んだ〈のどぐろ塩焼〉は、でかくて値段ばかり高い他店とは一線を画したみごとなもの。品書きは平凡だが、その一つ一つはまことに完成され、たとえば〈イカの丸干し〉は酒飲みなら涙を流す。

いかにも人の良い笑顔が安心させる店主、もちろん名は小林さんは、割烹で一八年板場を預かった実力者。自分の店をもつにあたり、出身地佐渡の名品を紹介しようと心がけた。今も月に一度は帰るという望郷の想いがいい。店内は雑然としているが、常連はそれを愛し、ヘタにきれいにするなと注文している地元の実力居酒屋。

住所	新潟県新潟市中央区本町通8番町1364
電話	**025-222-7683**
営業	17:00〜23:00　日曜・祝日休（年末年始休あり）
席数	カウンター6席　個室2（各10席）　小上がり4席
交通	新潟駅よりタクシー10分　新潟交通本町バス停より徒歩5分
酒	金鶴本醸造1合480円〜、真稜山廃純米吟醸1合890円〜、〆張鶴・麒麟山・久保田480円〜、焼酎20種類以上グラス460円〜、チューハイ・ハイボール・リキュール類グラス430円〜
料理	佐渡沖地魚刺身盛合せ1200円、佐渡もずく・ながもなど海藻480円〜、新潟茶豆580円、のっぺ520円、佐渡マイカ丸干450円、季節ごとの焼魚780円〜、牛すじ煮込580円、自家製メンチカツ750円　※季節により変更

魚仙
うおせん

新潟の酒と味のすべてがある

長岡市に大正時代から続く老舗だが入りやすく、のどぐろや〈のっぺ汁〉など新潟の魚や料理が質高く並ぶ。私のいち推し、高級魚ブリをニンニク味噌で叩いた〈ブリのなめろう〉は、豪華で精もコクもある〈キング・オブ・なめろう〉だ。「栃尾もいいですがウチのもぜひ」とすすめられた〈特製油揚〉は香ばしさ、風味ともに「輝け！日本油揚チャンピオン」に認定しよう。

俳優・角野卓造さんに似た三代目主人の新潟酒への思い入れは深く、店にはすべてを揃え、主催する「酔法師の会」は毎年全国からファンが一〇〇人近く集まり、新潟酒を飲み尽くす。さらに新潟酒の真髄をとり、店の大正時代の電話番号1312を名前に自ら作った「壱参壱弐」（上越酒造）は、淡麗辛口だけではない新しい新潟酒を方向づける名品だ。新潟の酒と食を愛してやまない情熱がすばらしい新潟一の実力名店。

北陸

住所　新潟県長岡市殿町1-3-4
電話　**0258-34-6126**
営業　17:00～23:00（LO22:30）
　　　日曜（予約のみ営業）・年末年始休
席数　カウンター12席　個室1（10席）　小上がり4席
交通　長岡駅より徒歩3分
酒　　新潟県内の日本酒200種常備（五銘柄セット各60ml900円～、1合500円～）、焼酎（米・麦・芋など）4合瓶2000円～・グラス350円～、ビール中瓶550円・生（通年）550円
料理　刺身盛合わせ1500円～、季節の焼魚800円～、季節のなめろう700円～、長岡産野菜料理800円～、のっぺ600円、あぶらげ500円、おまかせ3000～4000円

名酒
名料理

```
                    ●厚生会館
  ルートイン    ホテル
  長岡駅前      アルファーワン長岡      ●イトーヨーカドー
    H             H                                            燕三条・東三条→
  浦佐・宮内  ●魚仙   商工組合中金    長岡駅前        長岡ターミナルHホテル
              JR上越新幹線        長岡駅 西口
              JR信越本線
```

親爺
おやじ

渋い親爺と地の肴
これぞ名大衆酒場

駅近くに店を構えて六〇年以上になる老舗。名物おでんは関東・関西の長所をとりいれた富山風。冬の〈かに面〉は香箱蟹一杯の身すべてを蟹ミソと一緒に甲羅に詰めておでん槽で温める、かに風味絶佳のお徳用。全身を厚い透明外套膜に包んだ深海の珍魚に葱たっぷりの〈げんげ汁〉は絶品。地魚「ミギス」塩焼は淡泊風雅。赤い小魚「沖女郎・ひめじ」の味噌田楽は郷愁をよぶ。富山湾の豊かな魚は刺身に昆布〆が加わり、春先だけの〈ほたるいか昆布〆〉は涙ぽろぽろの名品で、特製大ちろりで注がれるお燗のコップ酒がはらわたにしみわたる。

さっぱりした白髪丸刈り主人は、塩辛声が魅力の渋い男前。てきぱき動くお母さんの得意はおにぎり。三代目息子さんが中心に立つようになり万全だ。四時開店、即満員。居心地満点の富山で知らぬ者のない名大衆酒場。

住所	富山県富山市桜町2-1-17
電話	**076-431-4415**
営業	16:00～23:00　日曜・祝日・年末年始休
席数	カウンター12席　個室2（16席・10席）
交通	富山駅より徒歩4分
酒	福正宗（特別純米）350円、立山350円、三笑楽（純米酒）450円、幻の瀧（純米吟醸）400円、焼酎常備麦1種・芋2種　日本酒は季節により限定銘柄あり
料理	お造り盛り合わせ1800円、おでん各種100円～（9月～5月）、焼魚各種600円～、げんげ汁700円（秋～春）、白えびかき揚650円、氷見うどん600円、コース3000円～

名居心地

あら川／米清あら川

水、酒、魚、主人よし

北陸

富山は北前船の運ぶ昆布による昆布〆王国だ。真タラ、車鯛、水タコ、ホタルイカ、サス（カジキの吻）、鶏ささみなど多様な昆布〆を駅近くの「あら川」で楽しめる。ブリなど高級刺身の他、魚の胆や皮を巧みに使った〈珍味三点盛り〉は富山名酒をぐんぐん進ませ、〈ホタルイカの味噌の塩辛〉は、生ホタルイカの微量のミソを気の遠くなるような手間をかけて集めて煮詰めた最高の酒の肴に感涙間違いなし。

「もう少しお客さんと近くなりたい」と近くに開いた〈米清あら川〉は炭火に板昆布を敷いた〈牡蠣の昆布焼〉がおすすめ。さらにその昆布のパリッとした素揚げがすばらしい。いろいろ試したが牡蠣でないと昆布が厚くふくらまないそうだ。

ガンコ一徹だった先代を継いだ二代目は颯爽たる大柄の男盛り。「水よし、酒よし、魚よし」北陸富山の味を存分に楽しめる。

住所	富山県富山市　あら川：桜町2-2-22　米清：新富町1-3-19　吉田ビル1階
電話	あら川 076-441-9369　米清 076-441-8000
営業	(共通)17:00〜22:30　日曜・祝日・年末年始休
席数	あら川：カウンター11席含め全53席 米清：カウンター9席含め全25席
交通	あら川：富山駅より徒歩2分 米清：富山駅より徒歩1分
酒	あら川：銀嶺立山本醸造1合600円、満寿泉無濾過原酒純米1合600円ほか 米清：勝駒純米1合900円、焼酎各種30種グラス500円〜・ボトル3700円〜ほか
料理	あら川：各種昆布〆800円〜、自家製蛍いか沖漬900円、珍味3種盛1200円ほか 米清：富山の天然刺身盛合せ1000円〜、胡麻と豆腐の米清グラタン800円ほか

浜長 (はまちょう)

料理きわだつ
魅力の割烹

打ち水された庭石を踏んで入る高級割烹の構え。店奥の、横一本に長い黒カウンターがお目当てだ。前の小黒板には、造り、蒸物、焼物、酢物などに分け、魚や珍味の名前がびっしり並び、さあ何にしようかと意欲がわいてくる。おまかせも一品ごとの注文もでき、充実したお通し三点盛りをつまみながらじっくり決められる。

この店は素材も、調理も、しつらえも、断然質が高い。私は季節を変えて何度も入ったが、何を頼んでもいつも目が醒めるようだった。大玉を剥いた赤貝の甘味よ、香り高い若鮎の塩焼きよ!

「承知!」が口癖の主人の覇気が店全体を明るく活気づけ、客の期待と一体になった華やぎがなんともよい居心地をつくり、客の品も良く安心感がある。しかも勘定は高くなく、大食大飲の私が六～七〇〇〇円ほどで済んだ。金沢一の私のひいき店。

北陸

住所　石川県金沢市片町2-27-24
電話　**076-233-3390**
営業　17:00～24:00　日曜・祝日・年末年始休
席数　カウンター15席　個室12（2～40席）
交通　片町中央通バス停すぐ前
酒　　地酒(萬歳楽・福正宗・黒帯・立山など)1合600～800円、
　　　吟醸酒もいろいろ有り(デカンタ1000～1500円)
料理　地元で取れる魚介を中心に、四季によりいろいろ有り

名料理

猩猩
（しょうじょう）

せせらぎ通りの
モダン居酒屋

北陸

香林坊の東急109脇を下ると小川の流れる小路が始まり、暗くなったあたりで小さな石橋を渡って入る魅力的なアプローチ。黒カウンターと小上がり一つのモダン居酒屋で、鴇色をベースにした温かな雰囲気だ。

日本酒に力を入れるが銘柄は固定せず二〇～三〇種ほどがある。鱒のように天然石をくりぬいて水に冷やす一升瓶数本がいい。

ふくらぎ、まこがれい、がすえびなど季節の刺身。笹かれい、はたはたの一夜干しなどが気軽な値段で楽しめる。〈ハマグリ湯豆ふ〉はおつゆもおいしいお徳用、ワタを残した干物ごろいかは酒の肴に最高だ。

黒トレーナーに酒屋前掛け、脱サラの主人は誠実な人柄で、若い女性アルバイトがせっせと働く。金沢には意外に銘酒居酒屋が少なく、ここはカップルのほかに日本酒マニアも通うようだ。知っていると鼻が高い小さなしゃれた店。

住所　石川県金沢市香林坊2-12-15　割烹むら井ビル1階
電話　076-222-2246
営業　18:00～22:30　日曜休（祝日の場合は営業、月曜休）
席数　カウンター8席　小上がり8席
交通　金沢駅より車10分・北鉄バス香林坊バス停より徒歩3分
酒　　猩々（特別本醸造）半合400円・1合750円ほか日本酒は入れ替え制で20～30種1合600～2100円（半合も可、全品お燗可）、富乃宝山（芋焼酎）グラス550円
料理　金沢港直送お刺身各種600円～、自家製一夜干し各種600円～、ハマグリ湯豆ふ（冬期）680円、加賀生麩揚げだし1000円、合鴨ロース980円、ゴロイカ550円、コース3000円～

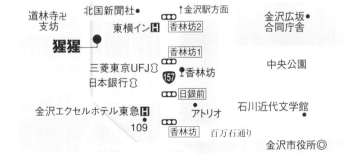

48

大関
おおぜき

金沢に
名大衆居酒屋あり

お茶屋文化の町・金沢の古い大衆居酒屋。通りに面して表裏に二つ玄関があり、その間を長いカウンターがつなぐ。

金沢はまたおでん屋の町で「赤玉」「菊一」「高砂」あたりはみな昭和初期からの店だ。当店もおでんが名物。金沢おでんの代表〈梅貝〉は殻の柔らかい巨大な中身を切って出し、ぬらりとした旨味がおいしい。加賀料理〈治部煮〉も気軽に味わえ、注文を受けて捌く〈川魚のあらい〉を今やる店は少ない。名物の大きな〈出汁巻〉は二人前はある。春は〈ホタルイカ〉だ。

最初の一杯はお酌してくれる気さくなおかみさんを軸にした家族経営の温かな雰囲気がいい。カウンターには勤め帰りの独り者や、男同士、女性を連れた中高年男性が肩を並べ、小上がりには子供やお年寄連れの一家が座り、まことに健全だ。金沢居酒屋の原点ともいえるたいせつな店。

住所　石川県金沢市木倉町1-5（木倉町通り）　中泉ビル1階
電話　**076-221-9450**
営業　16:30〜22:00　火曜休
席数　カウンター14席　テーブル31席　小上がり4席
交通　香林坊バス停より徒歩5分・ラブロ前バス停より徒歩2分
酒　　大関上撰1合470円・特撰1合700円、瓶ビール（大）750円、焼酎各種あり
料理　造り盛合せ1700円、天ぷら1600円、鯉のあらい2500円〜、かれい焼・のど黒焼・あじ焼各時価

名居心地

かっぱ

日本一の
イカ沖漬けとは

北陸

繁華街・順化からやや外れた通りに、鷹被り四斗樽を二つ重ね、大きな簾を立て掛けた「かっぱ」がよい雰囲気だ。〈しらうお刺身〉は身が太く、きょろり目が黒いのをぽん酢で。〈かじき昆布〆〉はピンク色に細切り昆布がからんで味が濃い。北陸名物〈へしこ〉は薄切り大根に挟んだシースルーがセクシー。名物は日本一の〈イカ沖漬け〉で、細切りした活きイカをみりんと醬油に一晩漬け、昆布とかつおの出汁醬油に浸し、木の芽を添えて出す。清潔な旨味に腑ワタのたれをつけると、奥深いコクはクラクラ眩暈をおこすほど。ワイルドな沖漬けとはちがう気品がすばらしい。

黒のヘッドバンドがトレードマークの主人は料理好きで、水槽に泳ぐのを一瞬で素揚げした〈どじょう唐揚げ〉、一串から頼める〈にんにく素揚げ〉など揚物も人気。お酒担当の美人女将も目当てに大繁盛。

住所　福井県福井市順化2-19-16
電話　**0776-23-4556**
営業　17:30～23:00（LO22:30）　日曜・祝日休（年末年始・夏季休あり）
席数　カウンター8席　小上がり4席
交通　福井駅より徒歩20分・タクシー5分
酒　　生ビール(中)600円、梵グラス700円、黒龍グラス600円、花垣グラス600円、一本義グラス600円、伊佐美グラス700円、燗酒2合600円、三岳グラス600円、赤霧島グラス600円、サワー500円
料理　お造り盛り合わせ1200円、イカの沖漬け650円、焼き魚：地かれい700円、はたはた700円ほか、ぶりとろろ700円、どじょう唐揚650円、若鶏唐揚550円、かき鍋950円

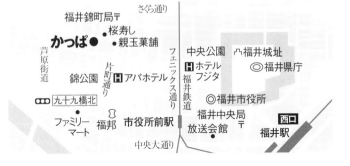

魚志楼(うおしろう)

底光りする、もと芸妓置屋の一杯

福井県三国港はかつて北前船でたいへん栄えたが、鉄道交通に替わって表舞台から忘れられた。しかしそのまま町は残り、往時の栄華の残光を灯す町並の古寂びた風情は、味わい深い。

明治後期から大正の芸妓置屋の建物を料亭にした「魚志楼」は、座敷は予約だが、広い玄関土間に設けた小さなカウンターは気楽に飲むことができる。黒板の品から頼んでも良いし、腹具合を聞き適当に出してもくれる。三国といえば越前ガニだが、高価なそれでなくてもメギス、赤カレイなどおいしいものは沢山ある。

座敷が空いていれば見学もでき、重い艶をたたえた建物や古い調度を体感すると、そのオーラが酒の味を一層深くする。交通の便はよくないが、大人の旅としてぜひ行ってみる価値のあるところ。近くの福井名物おろしそば「新保屋」もぜひ。

住所　福井県坂井市三国町神明3-7-23
電話　**0776-82-0141**
営業　11:30～14:00　18:00～22:00　不定休（予約優先）
席数　カウンター6席　小上がり8席　座敷3（48席）
交通　えちぜん鉄道三国駅より徒歩10分
酒　　福井県の地酒　純米酒各種（720ml）3000～5000円
料理　越前がに会席（11月6日～3月末）19440円～、季節の地魚会席
　　　5400円～、名物甘えび天丼1080円、がさえび丼1950円　他一
　　　品黒板メニュー有り

名居心地

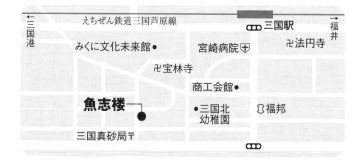

東京

伝統の名店と最も新しい店が同居する東京は、居酒屋文化の洗練と粋を愉しむ。

佃忠知▼銀座
みを木▼銀座
泰明庵▼銀座
魚竹▼築地
はなふさ▼築地
シンパチキング▼丸の内
ふくべ▼八重洲
ぶどう家▼新橋
おんじき新ばし家▼新橋
牧野▼品川
酒喰洲▼人形町
botan▼清澄白河
岸田屋▼月島
味泉▼月島
山利喜▼森下

沿露目▼門前仲町
志婦や▼浅草
ぬる燗▼浅草
ゑびす▼四つ木
大はし▼北千住
田中屋▼千住大橋
川むら▼日暮里
根津たけもと▼根津
日本酒 多田▼根津
シンスケ▼湯島
鍵屋▼根岸
斎藤酒場▼十条
まるます家▼赤羽
伊勢藤▼神楽坂
姿▼神楽坂

季彩やひで▼神楽坂
みますや▼小川町
新八▼神田
赤津加▼秋葉原
タキギヤ▼四谷
たく庵▼四谷
まるしげ夢葉家▼赤坂
とどろ▼赤坂
池林房▼新宿
よよぎあん▼代々木
たき下▼麻布十番
シンスケ▼恵比寿
藤八▼中目黒
高太郎▼渋谷
酒とさか菜▼神泉

松濤はろう▼神泉
笹吟▼代々木上原
両花▼下北沢
まきたや▼下高井戸
うち田▼三軒茶屋
第二力酒蔵▼中野
らんまん▼中野
有いち▼荻窪
善知鳥▼西荻窪
酒房 高井▼西荻窪
闇太郎▼吉祥寺
樋川▼大岡山
金田▼自由が丘
穂のか▼武蔵小山
梁山泊▼八丈島

人口も都市規模に大きな首都東京は、日本一の居酒屋都市だ。特色は、長い歴史を持つ古い店が、特に下町にたくさんあること。その反対に最も新しいスタイルの居酒屋があること。そして日本各地の地酒を並べた銘酒居酒屋が多いこと。それはうんちくとブランド好きゆえで、東京の客は酒にうるさい。

そのうえで特徴は料理料理しない小粋な酒の肴をよろこぶ。せっかちな江戸っ子は注文したものがすぐに出てこないと機嫌が悪く、凝るよりは味のはっきりした明快なものがいい。小鉢の簡単な肴でかけつけ三杯をキューッとやる、いなせな「粋」を愉しむのが東京の居酒屋だ。名店では大塚の「江戸一」を欠かせないが、お店の希望で掲載しないことを付記する。

佃忠知 (つくきち)

銀座一等地に居酒屋あり

往年の銀座の風情を残す数寄屋通りのビル三階。かつては路地奥の常連の店だったのが表に出て、より知られるようになった。

先代主人は魚河岸の鮪卸し「佃吉」の三代目で、家業は兄が継ぎ、自分は名割烹「出井」で修業して昭和四九年に開いた老舗居酒屋だ。経木に毎日ずらりと書く品書きはほとんど一〇〇〇円以下で、銀座価格の心配は無用。看板の〈本まぐろ中おち〉が必ず入る〈刺身適当盛り〉がお徳用ではやい。人気は里芋イカ煮の〈さといか〉〈ちりめんししとういため〉あたり。私のおすすめは〈あおやぎ味噌タタキ〉だ。

銀座一等地の気軽な料理居酒屋は近くのクラブのきれいなお姉さん方にも好まれ、紳士と同伴もよく見る。銀座に家族経営の店はめっきりなくなったが、ここは、お母さんちゃきちゃき銀座っ子の娘さん、若主人ともども家族の温かさが貴重だ。

住所　東京都中央区銀座6-3-5　第2ソワレドビル3階
電話　**03-3574-1589**
営業　16:30〜22:00（LO21:30）　土曜・日曜・祝日休
席数　カウンター8席　テーブル4（6席、4席×3）
交通　銀座駅より徒歩5分
酒　　ビール648円、日本酒648円、底ぬけ辛口ボトル2160円、菊正宗(樽酒・冷酒)ボトル1188円、焼酎(700ml)3780円
料理　本まぐろ中おち1080円、くじらステーキ1080円、あゆ一夜干972円、自家製いわしつみれ864円、合鴨塩焼972円、あおやぎ味噌タタキ756円、あわび酒蒸1080円、焼うど756円、特製まぐろ井1080円、自家製ぬか漬540円

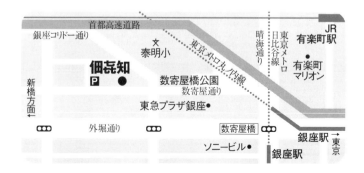

みを木

銀座で銘酒を楽しむ

大人が通える気の利いた居酒屋がありそうでない銀座に開店してたちまち人気となった。着物に白割烹着の若女将は神田の名店「新八」で修業、同丸ビル店店長を四年務めて独立。したがって酒も肴も全く心配なく、時季の刺身や野菜、煮魚、ポテサラなど銀座らしい華やかさも添えて楽しませる。もちろん合わせる酒はベストで酒器も満点だ。

店名「みを木」は「澪木」。「澪」は海岸を通る船の水路で、その幅を示す杭が「澪木＝みをき＝みをつくし」。父は娘に「澪」と名付けたかったが、当時人名漢字になくてあきらめたそうだ。

東京芸大でも最難関の油画出身という変わり種。絵もいいですが、いつのまにか居酒屋女将ですと笑う顔がいい。東日本大震災では、いちはやく東北酒蔵支援に立ち上った義侠心も併せ持ついい女。

東京

住所　東京都中央区銀座2-2-4　ヒューリック西銀座第二ビル地下1階
電話　03-3563-6033
営業　18:00～24:00　月曜休（お盆・年末年始休あり）
席数　カウンター8席　テーブル30席
交通　有楽町駅より徒歩3分・銀座一丁目駅より徒歩1分
酒　　神亀純米辛口1合850円・「ひこ孫」純米1合950円、旭菊「大地」純米1合980円、伯楽星純米吟醸1合1180円、生ビール（中）680円
料理　※アラカルトメニューは毎日の入荷・仕入れにより変わります。
　　　おまかせ3800～5800円

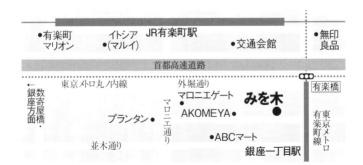

泰明庵
たいめいあん

鄙にもまれな
蕎麦屋酒

銀座泰明小学校前の泰明通りは、古い銀座飲み屋街の雰囲気をよく残す。泰明庵は老舗の蕎麦屋。蕎麦屋の酒の肴は種物に使う玉子、鶏、かまぼこくらいだが、ここは一級品の魚介刺身はもとより、天然鮎やコブシ煮、まぐろ竜田揚、ナス田楽、時季の生しらす、岩牡蠣など、その辺の居酒屋よりもはるかに高いレベルと品数を保ち、もちろん天ぷらはお手のもので、じゅーと音をさせる揚げたてはたまらない。酒は新潟名酒中心にお燗も万全だ。

蕎麦は豊富な種物がこれでもかと数多く揃い悩ませる。私の気に入りは「舞茸カレーそば」。蕎麦はもりに限るなどという禁欲的（？）蕎麦通はサヨナラだ。昼は通しの営業で、客の空いた昼下がりの蕎麦屋酒は至福のときだ。とはいえここは小さな蕎麦屋、混んできたら席を立つマナーは守ろう。額の白居易の漢詩が味わい深い。

住所　東京都中央区銀座6-3-14
電話　**03-3571-0840**
営業　11：30〜21：00（LO20：30）／土曜11：30〜15：00
　　　（LO14：50）　日曜・祝日・年末年始休（夏季休業あり）
席数　テーブル全52席
交通　有楽町駅より徒歩5分　地下鉄丸ノ内線銀座駅より徒歩2分
酒　　八海山グラス690円、出羽桜熱燗1合650円、さつま黒わかしお（芋焼酎）シングル390円、黒麹麦焼酎シングル390円、天春（そば焼酎）シングル390円　日本酒は常備10種類ほど
料理　かき揚は甘エビ、ホタテ、芝エビ、白魚、桜エビなど時季により各種（値段も各種）あり　舞茸カレーそば・うどん（平打）1000円ほか各種（平打・冷やし共50円増）

魚竹
うおたけ

酒飲みの急所を突く気のきいた肴

銀座から昭和通りを越えると町はひっそりする。カウンターに一二、三人も座れば満員の小さな店だが、東京でも屈指の充実した酒の肴を出す。貼られたビラの品書を見てゆけばすぐ納得でき、小さなボードの「先週の人気ベスト5」は〈〆鯖〉〈しゃこわさび〉〈イカぬた〉など。うまそうでしょう。すぐ先は築地中央市場。築地の居酒屋の刺身はうまいのが当たり前で、そこに一工夫が問われる。例えば〈漬まぐろきざみわさび和え〉〈鯵昆布〆〉は厚い身に透明な白板昆布。ガスバーナーの〈ちょい炙り〉は明石たこ、まぐろ、青柳など七種。〈ぬた〉も三種ある。引退されたお母さんの絶品〈東京風玉子焼〉は息子さんが継ぐ。酒は中堅の名酒がいくつか。ここは一人かせいぜい二人で行く店だ。好きな肴をとり、盃を重ねる。至福の時。

名料理

住所	東京都中央区築地1-9-1　井上ビル1階
電話	**03-3541-0168**
営業	17:30〜21:30（LO21:00） 土曜・日曜・祝日休
席数	カウンター13席
交通	地下鉄日比谷線築地駅・地下鉄有楽町線新富町駅より徒歩3分
酒	群馬泉（超特選純米）800円、島美人（芋焼酎）グラス500円
料理	明石のたこ炙り焼950円、刺身3点盛り合わせ1500円、肝入干するめ600円、甘塩たらこ焼500円、じゃこほうれん草玉子とじ700円

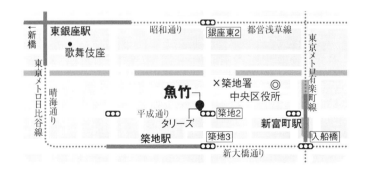

東京

はなふさ

築地の魚の長屋居酒屋

銀座の隣、築地本願寺裏から大川端あたりは、銅葺き看板建築が戦前の面影を残す忘れられたような場所だ。こういう所に気軽な居酒屋があればと思うが……あります。

木造二階棟続き長屋の真ん中で、小さなカウンターと奥に畳少しの極小店。

隣りは天下の築地市場だけに魚は「新鮮でない方がむずかしい」が、マグロや鯛など高級魚よりも、逆にプロをうならす実力魚で勝負するのがうれしい。珍しい〈かます刺身〉の細かな包丁の冴え、〈江戸前アジ〉のみごとな帆掛け造りは築地の腕だ。小魚豆あじや背黒イワシ丸干しも超一級。魚は焼きもフライも煮魚も。春の新筍や夏の水茄子、特上鯨ベーコンに赤ホヤ塩辛。なにしろ築地だから何でもあるのだ。

店は板前と配膳の男二人だけ。いわゆる「教えたくない店」で、ちょいと交通不便なのがかえってあり難い。

名酒

住所　東京都中央区築地7-14-7
電話　**03-3546-1273**
営業　17:00～23:00(LO22:30)　土曜・日曜・祝日休(年末年始・夏季休暇あり)
席数　カウンター11席　個室1(4～8席)
交通　築地駅より徒歩7分・新富町駅より徒歩13分
酒　　瓶ビール(大)660円、燗酒(小)420円・(大)660円、サワー420円、あさ開本醸造300㎖850円、奥の松吟醸300㎖1050円、初孫吟醸300㎖1000円、一ノ蔵特別純米(4合)2800円
料理　刺身各種710～1050円、煮物各種680円～、豆あじあぶり480円、へしこ500円、合鴨つくね2本350円、鴨ねぎ焼2本780円、白えび唐揚880円、きんき煮魚3800円～

シンパチキング

丸の内大衆酒場の心意気

東京

神田の名居酒屋「新八」の主人は息子に店をゆずって引退、悠々自適をきめこんだはずだが、また店を始めた。場所は東京一高級なビジネス街丸の内の国際ビル地下アーケード。イタリアン、ワインバー、タイ料理、カフェなどしゃれた店が並ぶ通りに堂々の屋台を置いた大衆酒場。

しかし出すものは超一級天然物の低価格。土佐清水の〈生鯖〉、北海道噴火湾の〈帆立〉、糸島の〈天然真鯛カブト〉。力を入れる〈活け貝刺〉は各種にベストを尽くす。酒はもちろん「神亀」はじめ、燗酒に力を入れるのも頼もしい。一方当店自慢〈牛すじ肉豆腐・一五〇円〉はめちゃうまいが一人一皿限定と商売がうまい。

居酒屋で名を成すとコース料理などに堕落するケースが多いが、あくまで意地の大衆路線、しかし品は一級、場所も一級の佐久間さん、引退しちゃダメ。

住所 東京都千代田区丸の内3-1-1 国際ビル地下1階
電話 **03-6269-9922**
営業 11:30～23:30（LO22:30）／土曜16:00～22:00（LO21:00） 日曜・祝日休（年末年始休あり）
席数 カウンター4席 テーブル38席 個室4（各4席）
交通 有楽町駅より徒歩1分 日比谷駅より徒歩2分
酒　 神亀純米酒8勺540円、日置櫻純米酒8勺680円、扶桑鶴純米酒8勺540円、すっぴんるみ子の酒8勺880円、竹鶴8勺780円、睡龍生酛純米酒8勺780円
料理 生さば980円、本日のまぐろ880円、噴火湾・帆立750円、愛知・白みる880円、天然真鯛カブト（塩焼・煮付）1280円、神亀吟醸粕漬・岩中豚バラ肉1280円、もろへいやお浸し280円

名酒

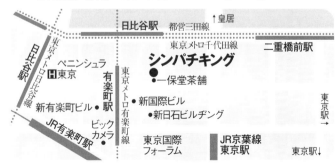

ふくべ

創業昭和14年の名酒場

東京八重洲口ビル街に縄のれんを下げる「通人の酒席 ふくべ」は創業昭和一四年。すすけた葦簀の天井、飴色に艶光りする腰板、すり減った黒豆砂利洗い出しの床。手前が客のひじで磨かれたカウンターに座ると、一人一盆に白徳利・盃・お決まりのお通し昆布佃煮・箸が置かれる。目の前三段は日本全県の地酒が並び、つい地元のを選びたくなる望郷酒場は東京駅前にふさわしい。「当店三種の神器/じょうご・一合枡・徳利」を扱う二代目主人のお燗は流れるように美しく燗具合もまた。手ごろな肴のなかで一番人気は〈くさや〉。そのむしった炙りたてはファンにはたまらない。全く甘くない〈塩らっきょう〉も定番だ。白木四斗樽に置く、亡くなる前日まで店に立っていた先代写真には今日も花と使っていた一合升が。三代目も修業を始めて心強い。往年を伝える東京の誇る名酒場。

住所　東京都中央区八重洲1-4-5
電話　03-3271-6065　03-3271-9748
営業　16:30〜22:45（LO22:15）／土曜〜21:45（LO21:15）
　　　第2／4土曜・日曜・祝日休（年末年始休あり）
席数　カウンター10席　テーブル20席　個室1（14席）
交通　東京駅より徒歩5分　地下鉄日本橋駅より徒歩2分
酒　　ビール(大)650円・(小)450円、菊正宗樽酒・澤乃井など日本酒常備41種類1合550〜650円
料理　刺身3点盛950円、しめ鯖600円、くさや650円、鯵干物650円、かます干物900円、生揚げ500円、トマトサラダ（玉子付）500円、塩らっきょう350円、海鮮丼850円、お茶漬け500円

名居心地

ぶどう家

割烹の まかない料理が魅力

「新橋を制する者は東京の居酒屋を制す」と(私が)言う一大居酒屋地帯を、じつはまだまだるで制していない。ようやく定まった「ぶどう家」の主人・藤田さんは大阪の有名料亭でながく働きここを開いた。

〈甘鯛若狭焼〉〈目板カレイ煮付け〉などは堂々たる割烹料理でそれなりの値段だが、お目当ては六〜八〇〇円ほどで楽しめる「まかない料理」二十数種だ。ただし〈真コチのカマ塩焼〉〈鱧の卵の旨煮〉など「一人前限定」も多い。例えば〈マコガレイ肝酒蒸し〉などは成魚に一個しかないからそうなると、この珍味が六四八円とはまさにまかない値段で注文しなきゃ損。酒揃えもたいへん良く、評判の和歌山の「紀土」に出会えた。お運び女性・白石さんのにこにこ顔も魅力だ。

新橋といっても、ちょっと上等にゆっくりやりたい時にまことにベスト。

住所	東京都港区新橋3-10-7　鴨田ビル1階
電話	03-3433-1616
営業	17:00〜23:00（LO22:00）　日曜・祝日休（年末年始休あり）
席数	カウンター8席　テーブル10席　個室2（4席・6席）
交通	新橋駅より徒歩5分
酒	紀土純米酒110cc432円、播州一献110cc540円、奥能登の白菊110cc540円、玉露(芋)90cc432円、櫻井(芋)90cc648円、赤鹿毛(麦)90cc540円
料理	寒ぶり造り1728円、かわはぎ肝和え1728円、甘鯛若狭焼2160円、まながつお西京焼2160円、かに各種1728円〜、カキの天ぷら1080円、まかない料理(20種類)648円

おんじき新ばし家

望郷酒場の居心地のよさ

新橋居酒屋地帯の特徴の一つは大阪、博多、秋田、新潟、浜松、宇和島、山口などあらゆる郷土酒場が並ぶこと。大店「おんじき」は〈ホタテの貝焼味噌〉〈八戸前沖炙り鯖〉〈鰊の切り込み〉〈ホヤ塩辛〉〈せんべい汁〉など生粋の青森郷土料理が並ぶ。酒も陸奥八仙、菊駒など青森地酒。

青森出身の主人は、八戸横丁「山き」の寿司屋時代に親方に可愛がられた恩を忘れず、亡くなられた今も当時の湯飲みを飾り、形見の調理箸を使う。その「山き」の超美人奥様に「いちど行ってあげて」と言われて来てその話をすると、ぴたりと包丁を置き、深々と頭を下げた。

ねぶたの頭、小さく流れる津軽三味線、どこまでも続く古民家造りは青森そのもの。「親方のしてくれたことを自分もする」と従業員はすべて青森出身者でかためて教育を欠かさない。望郷酒場ここにあり。

住所　東京都港区新橋4-9-1　新橋プラザビル2階
電話　**03-6435-6601**
営業　17:00〜23:30（LO22:30）　日曜休（年末年始・夏季休あり）
席数　カウンター8席　テーブル20　個室3（4席・6席・10席）
交通　新橋駅烏森口より徒歩3分
酒　　陸奥八仙純米吟醸1合1000円（季節限定）、ななし1合1000円（蔵元直取引）、豊盃特別純米1合800円、じょっぱり1合650円、杉玉1合880円
料理　刺盛（3品）1650円、帆立の貝焼味噌800円、八戸せんべい汁（小鍋）980円、津軽鶏の漬け焼き850円、十和田バラ焼760円、大蒜味噌焼おにぎり1個280円、黒石つゆ焼そば700円

名居心地

牧野（まきの）

ぴくぴく活穴子を旧街道の居酒屋で

東京

高層ビル林立で品川風景は一変したが、旧東海道・北品川商店街は近年の宿場町再生もあって賑わいが増している。ゆるく曲がる街道の説明板を読んだり、古い商店や建物を散策したあとは、ここで一杯。

そもそも品川は東京湾の魚の漁村で、その伝統につながる活魚が売りだ。一番人気は一尾をそのつど捌く活穴子。刺身はぷりぷりのコク、炭火七輪焼は熱さに切身が動き強靭な生命力に驚く。時間をかけて脂をおとし、パリッと焼けたのを山葵醬油でやれば穴子好きは泣くだろう。東京は昔から穴子は品川、蝦蛄は小柴、鯖は松輪だ。

白木の清潔な店内はテーブル席中心。戦前から続く大衆割烹で、注文を少しも待たせない誠実な客扱いに地元の信頼は厚い。都心を少し離れた街道筋のなんとはないローカルな解放感。家族で安心して来られるまことに健全な居酒屋。

名料理

住所	東京都品川区北品川2-19-2
電話	03-3471-3797
営業	17:30～23:00（LO22:00）／土曜～22:00（LO21:00） 日曜休
席数	全55席（個室利用は6～32名まで）
交通	京急本線新馬場駅より徒歩2分
酒	地酒常時約30種（全て4合瓶）3300円～
料理	穴子の白焼き2250円、生たこおどり喰い1300円、あじおどり喰い800円、いか肝ホイル焼き500円、いか焼き680円、京菜のはりはりサラダ580円

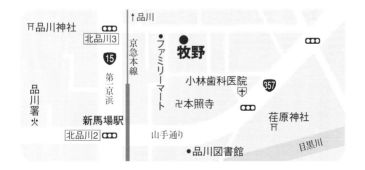

酒喰洲
しゅくず

覇気ある最高の立ち飲み

日本橋の伝説の立ち飲み居酒屋がこの三月、人形町の好立地に新規開店した。半袖鯉口、口ひげがトレードマークの主人は自衛隊の料理班で幹部用のフランス料理、札幌で高級レストランシェフ、一転、居酒屋も屋台も、さらに歌手もという痛快な人物で、トラック行商で始めた櫻井水産をもとに最後の仕事として立ち飲みを開店。「酒」と「喰」、そして流れる川がおのずと成す土地「洲」を充てて店名にした。

ガラスケースにはびっしり漁港明記の鮮魚が詰まる。刺身は「一切れ」から注文でき、フグより上等な〈めじな白子ホイル焼き〉はあれば絶対。さらにお好みで〈天ぷら〉が欠かせない。最後には〈まぐろづけ丼〉。日本酒もまた一騎当千でいくらでも相談にのる。経験、実力、気っぷ、超良心値段、みなぎる覇気、客の質、居心地、すべてがここに。

住所	東京都中央区日本橋人形町2-15-10
電話	**03-3249-7386**
営業	17:00〜23:00（LO22:30）　日曜・祝日休
席数	立ち飲み43席
交通	地下鉄水天宮前駅より徒歩4分・人形町駅より徒歩5分
酒	サッポロ生ビール(中)480円、酎ハイジョッキ480円、奥の松1合650円、酔鯨1合780円、鶴翔1合820円、伯楽星1合860円
料理	刺身1切れ140円〜（すべて国産天然。注文は最低3切れ〜）、野菜天180円〜・魚天250円〜・かき揚げ580円（注文は1個〜）、手打ちそば680円、海鮮井850円

名料理

名居心地

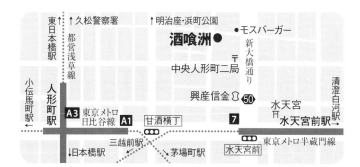

botan
(ぼたん)

町との一体感が魅力

今や珍しい赤青のネオンサイン「仲通り会」をくぐる暗い道に、この店の全面ガラスの光だけが通りを照らして明るい。外から店内まる見えは通りを初めてでも安心感があり、店に入るとカウンターから見る暗い道がつくる町との一体感が最高だ。

並ぶ大皿料理をはじめ、〈たこと生姜のべっこう煮〉〈小肌と千枚漬の砧巻き〉〈ふきのとうと白魚の春巻〉などの季節もの、定番〈黒毛和牛ローストビーフ〉も皆すばらしい。二五種以上ある日本酒はうならす逸品ぞろい。さらに五つの竹ざるに山盛りされた盃コレクション、目の前に並ぶ徳利の数々に酒好きは「もう動かんぞ」となること請け合いだ。

小柄に白割烹着の女将さんが生み出す店の清潔感が好ましく、相棒は大柄の弟さん。盛り場ではない、しかし今ひそかな人気の清澄白河に珠玉の名店あり。

住所　東京都江東区白河2-9-2
電話　070-6474-4139
営業　平日18:00〜24:00／土日・ランチ12:00〜14:00　16:00〜23:00　月曜休（臨時休あり）
席数　カウンター5席　テーブル6席
交通　半蔵門線清澄白河駅より徒歩1分　大江戸線清澄白河駅より徒歩5分
酒　　群馬泉1合850円、赤武1合1050円、七本鎗1合1050円、神亀1合1250円、秋鹿1合1250円
料理　葉わさび醬油漬600円、たこと生姜のべっこう煮600円、めじまぐろ刺身1200円、ふきのとうと白魚の春巻700円、黒毛和牛ローストビーフ1800円

東京

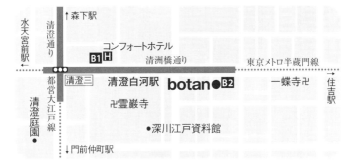

64

岸田屋
きしだや

戦後から何も変わらない

東京の古い大衆酒場は本当に少なくなってきた。地上げや後継者難に加え、肝心の建物の耐用限界が来ている。逆に新しい居酒屋は古材利用の擬似昭和ノスタルジーばかり。そうなると本物の古い大衆酒場・岸田屋はますます価値が高い。

月島西仲通り商店街に、堂々たる「酒」と大書した紺暖簾。玄関間口いっぱいに回るコの字カウンターの中は幅六〇センチくらいで、向かいの客と話ができる。壁にはずらりと品書札が並び、開店祝いの古びた縁起物額が貫禄だ。

大正時代はお汁粉屋で、昭和四年に岸田酒店を始め、戦時中の国民酒場からそのまま居酒屋になった。以来七〇余年。ここほど戦後の匂いを濃厚にとどめる居酒屋はない。つねに行列人気のわけは、安く良心的なことはもちろんだが、この別世界のような空気にあるのだろう。

住所	東京都中央区月島3-15-12
電話	**03-3531-1974**
営業	17:00〜22:30（LO22:00）日曜・祝日休
席数	24席
交通	地下鉄有楽町線・大江戸線月島駅7番出口より徒歩10分
酒	キリンラガークラシック(大瓶)650円、川亀(純米吟醸)300ml 980円、菊正宗(吟醸生)300ml 880円、菊正宗(清酒)1合420円
料理	牛煮込500円、肉豆腐680円、あなご煮付750円、ぬた500円、ずわいがに酢の物500円

日本居酒屋遺産

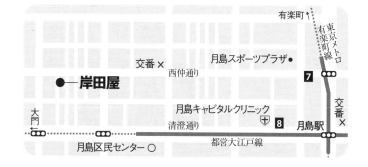

味泉(あじせん)

酒ぞろえと魚に絶対の信頼が

東京

下町月島にコンクリートのモダンな構えだが、中は普通の居酒屋。壁をうずめる全国の先鋭ベストをずらりと揃えた日本酒と数々の料理のビラに気持がわくわくしてくる。産地を記した魚は超一級、独特の〈煮あなご〉はすべての人が感嘆する逸品。

店を始める前に築地で仕入れを勉強し、卸しとの信頼を築いた主人は、手抜きを許さない誠実一途の人柄で、絶大な信頼を得ている。狭い店内はいつも満員で窮屈なのに皆ちっとも帰らず、次々に注文を繰り出すのは、ここに来られた嬉しさなのだろう。

私は「渡舟」か「瑠璃色の海」あたりで、まずは〈生シラス〉、そして大玉一個を剥く〈トリ貝〉、よい時季の〈マコガレイ〉〈/鯖〉があったら絶対だ。

今東京で最も信頼高い店の五指に入る。ああ、行きたい！ 生ビールもたいへんおいしい。

名酒

名料理

住所	東京都中央区月島1-18-10
電話	**03-3534-8483**
営業	17:30～23:00（LO22:20）日曜・月曜・祝日休
席数	カウンター7席　テーブル4（16席）
交通	地下鉄有楽町線・大江戸線月島駅8番出口より徒歩4分
酒	豊盃（しぼりたて純米）700円、王祿 丈径870円、鶴齢（純吟生原酒）870円、出羽鶴 松倉870円
料理	煮あなご1800円、刺身いろいろ1000～2000円程度、あなご白焼1800円～、季節の野菜盛り合わせ800円、自家製さつま揚900円、小柱のかき揚1100円、出し巻卵750円、銀座西川屋のおからを使った自家製おから450円、極上くじらベーコン1500円～、味泉特製コロッケ700円

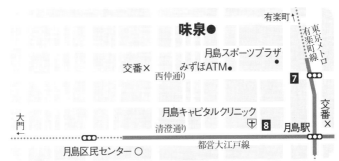

山利喜(やまりき)

煮込みにワインで今日も満員

改築して縦長のビルになった本館はおなじみの赤提灯にでかい狸公が健在。開店前から客が根気よく並んでいる。客のほとんどが注文する〈煮込〉は牛のシロ(小腸)とギアラ(第四胃袋)を八丁味噌をベースにワインと香草束で煮たもので、苦味の利いた味が大人のエスプリだ。通はガーリックトーストをとり、ソースをさらう。赤ワインにもよく合うのがおもしろい。

名物〈焼とん〉の、特にタレはすばらしく、酒もワインも刺身料理類も充実。きびきび働く若者たちもたいへん感じが良い。

大正二年に山田利喜造さんが始めた三代目はフランス料理を修めた人で、その技が微妙に忍び込んでいるところが味だ。近くの新館はその度合いがさらに強く、ソムリエもいる独自の居酒屋スタイルをつくった。居酒屋の正統を守りながら新しい工夫を入れ、さわやかな活気が心地よい。

名料理

住所	東京都江東区森下2-18-8
電話	03-3633-1638
営業	17:00〜23:00 (LO22:20) 日曜・祝日休
席数	80席
交通	地下鉄新宿線・大江戸線森下駅より徒歩1分
酒	十四代 本丸1200円、鶴の友(上白本醸造)760円、マルマス米鶴(本醸造)620円、磯自慢(県内限定本醸造)620円、醸し人九平次(純米吟醸、山田錦)870円
料理	煮込600円、焼とん10種(2本)各300円、ガーリックトースト300円、こはだ酢600円、生ハムグリーンサラダ1000円、スペアリブ1200円、あん肝ポン酢800円

沿露目
（ぞろめ）

モダンにして居酒屋の神髄

人気の町「門仲」にすばらしき居酒屋誕生。カウンターのみ、スポットライト照明、店主は白いバーコートとバースタイルだが、ずらりと並ぶ徳利、盃、とりわけ珍しい盃台のコレクションはまぎれもない日本酒の店だ。何ページもの日本酒説明もライト、グッドバランス、ヘビー、ハイブリッド、エイジングなど分け方も独得だ。

料理品書きもまたぼう大。すぐ出る「クイック」の〈白瓜雷干しとみょうが土佐酢和え〉〈特製うにプリン〉、「煮」の〈ニシン山椒旨煮〉〈蛤豆腐〉、「焼」の〈うなぎくりから焼〉、「揚」の〈深川春巻〉。〈鮮魚刺身盛り〉はまぐろ漬け・小鰭・白えび桜葉〆とあでやかな江戸前の美しさ。

まだ若い主人は会社勤務しながら居酒屋を志し、今はない門仲の名居酒屋「浅七」を師と仰いだ。東京居酒屋の「粋」を踏襲しながら進化したスタイルに脱帽。

東京

住所　東京都江東区富岡1-12-6　阿久津ビル1階
電話　03-5875-8382
営業　17:00～1:00（LO24:15）／月曜～24:00（LO23:15）　日曜休
席数　カウンター8席　立ち飲み3席
交通　門前仲町駅より徒歩2分
酒　　日本酒常備50種類5勺400円～、レモンサワー900円、ノンアイスハイボール700円、生ビール700円
料理　まぐろ漬け900円、小肌700円、〆鯖700円、白瓜雷干しとみょうが土佐和え500円、特製うにプリン850円、しじみ豆腐700円、ニシン山椒旨煮600円、深川春巻600円、ウナギくりから焼1本650円

名酒

名料理

名居心地

志婦や

人情も燗酒も あたたかい

浅草は好きだが、どうも飲む所がなくてという方に切札を紹介。雷門右の観音通りを入ったすぐ右手、「鳥貝魚」の暖簾が目印。やや低めの長いカウンターは独酌に落ちつき、目の前のガラスケースには時季の魚がずらりと並ぶ。大豆をゆでた〈みそ豆〉は青海苔とエイヤとかきまぜれば酒の友に重宝。生牡蠣を山葵で食べる〈かきわさ〉も意外なうまさ。小鰭、焼蛤、冬の煮こごりも下町らしい。

もと魚屋を二代目が居酒屋にし、今は三代目が板前に立つ。三代目が充実させた酒は真の実力派ばかりだ。お母さん、手伝いのおばさんが作り出す家族的なざっくばらんな雰囲気がすばらしい。ときどき顔をだす美人若奥さん、可愛いお子さんを見られたら幸運だ。ここには居酒屋に求めたい温かな人間味と誠実な仕事がある。下町人情いまだ衰えず！

名居心地

住所	東京都台東区浅草1-1-6
電話	03-3841-5612
営業	16:30（日曜・祝日15:30）〜23:00（LO22:30）　月曜休
席数	カウンター11席　小上がり17席
交通	地下鉄浅草線・銀座線浅草駅より徒歩1分　つくばエクスプレス浅草駅より徒歩10分
酒	ひこ孫・京の春・丹沢山麗峰・満天星各グラス860円、神亀・睡龍・奥播磨・酔右衛門・伯楽星各グラス760円、菊正宗1合490円、生ビール中540円
料理	刺身盛合せ（5点盛）1620円、焼鳥（日向鶏）1本220円、手羽先（3個）540円、みそ豆540円、〆さば860円、小肌760円、煮こごり540円、かき酢・かきわさ各860円（冬季のみ）

ぬる燗

浅草観音裏の愛すべき一軒

浅草寺裏手の観音裏は、夜ともなれば料亭、料理屋が点々と灯をともす風情ある町。小さな路地奥の店はいかにも浅草にあってほしい居酒屋の風情だ。

きっぱりと純白無地の白徳利・袴・盃の三点セット。全国気鋭銘酒の揃いも、看板の入念なお燗具合もベスト。季節の〈くわい〉や〈煮奴〉〈まぐろづけ〉〈せり白和え〉《真鯛のとろろ昆布〆》は粋な一品。上等な品を根性で仕入れる刺身も楽しみだ。

十数年前、日本酒が流行し始めて麻布あたりにトレンディな店ができたのに背を向けるように、かすかに流行歌を流す古くさい居酒屋を始めたセンスがいい。このたびほんの近くに越して、畳座りのカウンターなど居心地はぐんと良くなり、奥に小座敷もできた。近藤謙次という男前の名の主人は心から浅草を愛し、そこで店をもつことに誇りをもつ朴訥な好漢。

東京

住所　東京都台東区浅草3-20-9
電話　**03-3876-1421**
営業　18:00〜LO24:30
　　　日曜・祝日17:00〜LO22:30　不定休
席数　カウンター10席　小上がり1
交通　地下鉄浅草線・銀座線浅草駅より徒歩10分
酒　　瓶ビール(大)650円、大七750円、真澄750円、神亀850円、開運800円、八幡(芋)530円、朝日(黒糖)550円、武者返し(米)550円
料理　ふく皮ポン酢800円、〆いわし700円、和牛すじ煮込み600円、牡蠣の煮奴800円、自家製さつま揚げ700円、柿の白和え550円
　　　※価格は全て税込み

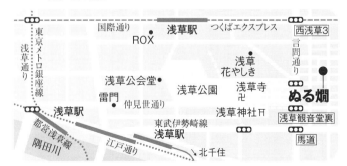

ゑびす

下町に良心の大衆酒場

店内いっぱいに貼られた品書きビラが圧倒する。〈本日の刺身〉は黒板に九種。フライ・天ぷらは八種。〆の丼もの五種に汁は一一種など総数およそ一二〇、平均価格帯は四一〇円か。〈カツオ刺身〉は厚く、〈穴子蒲焼〉は一本、〈鰻肝焼〉は串にぎっしりが二本、〈焼茄子〉は薬味たっぷりとじつに良心的な仕事で全く頭が下がり、確実に家で飲むより安く良いものが「山のように」ある。〈千葉産ながらみ〉〈馬肉さしみ〉〈どじょう丸煮〉〈浜名湖産生のり〉〈とんかつ煮〉〈なめろう〉は新鮮、ハイボール、デンキブランまですべてそろう。

酒も焼酎、サワー、ワイン、ハイボール、デンキブランまですべてそろう。開店四時即満員。一人客は無念無想至福の時。黙々ときぱきぱき働く店の人がいい。近所に移動した新店舗は長いカウンターに広い座敷がつき、家族や仲間と席を囲める。

これぞ下町の良心、万歳!

住所	東京都葛飾区四つ木1-28-8
電話	**03-3694-8024**
営業	16:00〜23:00(LO22:45)　火曜休(水曜不定休・年末年始・夏季休暇あり)
席数	カウンター25席　テーブル7席
交通	四ツ木駅より徒歩10分
酒	高清水1合320円・2合560円、金宮ほか焼酎グラス320円、ハイボール300円、八海山300㎖810円、どぶろくグラス370円、薩摩芋焼酎グラス320円、瓶ビール(大)560円
料理	カツオ刺身410円、皮ハギ刺身410円、あじ刺身410円、イワシ刺身410円、イカ刺身320円、煮込350円、肉豆腐410円、天ぷら510円、野菜炒めもの410円

名居心地

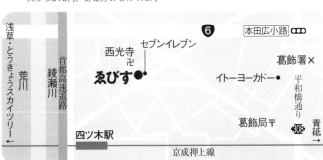

大<small>おお</small>はし

名物にうまいものあり
北千住

東京で最も建物の古い居酒屋はこの「大はし」だろうと推測していた。明治一〇年（一八七七）に牛肉屋として創業し、大正には牛めし屋、戦後居酒屋になった。四代目主人は明治の建物に誇りを持ち、使える限りこのままでと言っていたが、ついに限界が来て平成一五年に建て替えた。ただし昔のままを極力残した。

その新装開店数日間に押し寄せる客の波はすごかった。ファンは取り壊しを嘆いたが、新築が昔のままであることに熱狂したのだ。ここに居酒屋の秘密がある。

「名物にうまいものあり北千住 牛のにこみでわたる大橋」で知られる、客のほとんど全員が注文する牛煮込は、明治以来の伝統を背負う。満員の客の発する、ここで飲むぞという意気込みは居酒屋として理想の熱気だ。主人を継ぐ五代目も頼もしい。第二世紀に入った大はしに栄光あれ！

住所　東京都足立区千住3-46
電話　03-3881-6050
営業　16:30〜22:30　土曜・日曜・祝日休
席数　41席
交通　北千住駅西口より徒歩5分
酒　　生ビール(大)450円・(小)400円、黒ビール420円、山形
　　　正宗(清酒)350円・(大吟醸)400円・(生)300ml 680円、焼酎
　　　(キッコー宮)250円
料理　牛煮込320円、肉豆腐320円、刺身500円、こはだ酢480円、
　　　かにコロッケ480円、揚出し370円、ぬた400円、串かつ420円、
　　　魚フライ480円、煮魚500円、山かけ400円、生野菜盛り
　　　合わせ320円、オムレツ420円

名居心地

田中屋
(たなかや)

ぴかぴかの魚は親方の意地

東京で、ぴかぴかの魚を驚きの良心的値段で出す屈指の居酒屋がここだ。目と鼻の先の中央卸売足立市場から、その時季のほとんど全種類の魚が入る。親方は市場で一目置かれ、良い品は〝向こうで勝手に〟田中屋と書いた紙を貼り置きそうだ。そのぴかぴかの魚から何を選ぶかが嬉しくも悩むところで、刺身はこれ、貝はこれ、煮魚は……と決まるとほっとする。

真新しい店内は老舗旅館のような立派な本建築で清潔そのもの。広い厨房も気持よく、二階の座敷も立派。さっぱり刈り上げた銀髪に年中半袖ダボシャツ、塩辛声の渋い親方が魅力だ。成長した息子さんは黙々と包丁を握り、お母さん、娘さんが補佐する一家の家業がいい。

戦後、魚のない時に始めた〈とんかつ〉は今も大切な品で、ぜひ一度おすすめする。

住所　東京都足立区千住橋戸町13
電話　**03-3882-2200**
営業　17:00～21:30（LO）日曜休
席数　カウンター12席　小上がり12席　個室3（12席×2、6席）
交通　京成線千住大橋駅より徒歩1分
酒　　臥龍梅（純米吟醸袋吊り雫酒）1合850円、地ビール、日本酒10種以上、ワイン30種以上
料理　本まぐろ時価（時季により各地から）、釣りきんき3600円～、とんかつ1260円、房州あわび3500円、時さけ2000円、えびノライ1260円、ぶり1600円～、コース料理5400円～　※河岸の状況により40種前後の魚介を取り揃える

名料理

名居心地

川むら

蕎麦屋酒は夕方から本番

桜並木に寺の続く風情ある通りに名蕎麦屋あり。昼から通しでやっているが狙い目は夕方になると出る「本日のお献立」だ。

初夏某日は本まぐろ・しまあじ・しらうお・子持ちしゃこ・たいら貝・のれそれぽん酢……その一級の刺身に、並の居酒屋は裸足で逃げ出す。天ぷらは穴子・稚鮎・かき揚げは生桜海老・小柱・白魚。私は〈生ほたるいか〉〈泉州水茄子〉に〈生青海苔卵焼〉。どうですこのチョイス。ビラが壮観の日本酒は実力派ばかりで、とりわけ滋賀の蔵元から小型タンクで来る「喜楽長大吟醸生」はここでしか飲めない絶品だ。

明治五年に白金で創業、現在四代目。モダンな舟底天井に、玄関いっぱいのガラス戸越しの外の明かるさがいい。〆はもちろん蕎麦。本日の〈香りそば〉は、茗荷・青紫蘇・大根おろしたっぷりのぶっかけ。この一杯は隠居人生最大の楽しみだ。

住所　東京都荒川区西日暮里3-2-1
電話　03-3821-0737
営業　11:30～21:00（LO20:30）　木曜休（夏季休あり）
席数　テーブル30席
交通　日暮里駅より徒歩1分
酒　　喜楽長大吟醸グラス800円、金婚十右衛門グラス800円（ほか久保田・八海山・五人娘など常時30銘柄600円～1500円）、焼酎（そば・いも）5銘柄
料理　料理　玉子焼800円、板わさ800円、鴨山椒焼1200円、にしん棒煮800円、小柱かき揚げ1300円、穴子天ぷら1300円、刺身単品600円～、もり600円、ざる750円、辛味大根そば1200円

東京

根津たけもと

おとなの町、根津に名酒亭あり

大塚の名居酒屋「こなから」の板場を一九年つとめた竹本さんは、満を持して根津に自分の店を持った。

言問通りの置き行灯が目印の地下の店はカウンターと机二つ。正面の、緑と象牙色のタイルは矢羽根崩し貼り、細桟障子は後ろに間接照明を入れて地下の閉塞感をなくすなど、和モダンの店造りはさすがにうまい。品書きは本日の魚のほか〈煮あわび〉〈合鴨ロース〉〈鮎の山椒煮〉などがうまそう。〈カツオとアボカドのタルタル〉はねっとりした食感に粒マスタードが大人のエスプリを与え、なじんでくるとさらに良い。大柄、太い腕の主人は初めての自分の店ながら落ち着きと安心感に満ちる。

谷中・根津・千駄木の「谷根千」は大人が散歩できる町として人気だ。そこにできた大人の店はもちろん落ち着いたカップルが多い。ここを知っていれば株があがる。

住所	東京都文京区根津2-14-10-B1
電話	**03-6753-1943**
営業	17:00／土曜16:00〜23:00（LO22:30）　日曜休（週末3連休の場合は月曜休）
席数	カウンター8席　テーブル10席
交通	根津駅より徒歩3分
酒	生ビール（白穂乃香）680円、根知男山1合690円・写楽1合560円・信州亀齢530円・義侠1合700円・早瀬浦600円ほか常時約20種類、本格焼酎（芋・麦・黒糖）各種グラス650円
料理	お造り単品1450円〜、煮あわび1850円、あさりと三つ葉の酒蒸し920円、合鴨ロース塩焼き2000円、ニラのおひたし680円、鮎の山椒煮700円、ポテトサラダ680円

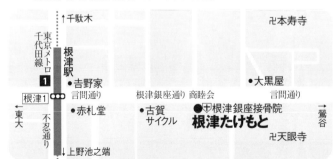

日本酒 多田

さわやかな若夫婦の心意気

こちらも根津に開店したばかり。さりげない構えながら、カウンターや棚、机の配置がコンパクトにおさまり、じっくり酒を楽しむ雰囲気だ。酒は「天明」「不老泉」などの他、あまり有名ではない「三千櫻」「廣戸川」に力を入れ、若い主人は「酒は蔵に通って勉強しました」ときっぱり。

お通しの〈鞍掛豆〉がずっと重宝。魚は〈玄界灘 神経鱸〉〈豊後水道 首折り鯖〉〈淡路 鱧のフライ〉〈富山湾 白海老のフリット〉に〈本日のカマで一品〉〈本日の漬け丼〉が楽しみだ。

美人奥様のお燗はゆっくり時間をかけ、必ず徳利を掌で囲んで「立ち香」をみる。「温泉にひたらせようと思って」の言葉がいい。よその店で働いていたが「私たちの店を持とうと」がんばってきたという若夫婦の一途さがいい。応援します。

東京

住所　東京都文京区根津2-15-12　木村ビル1階
電話　03-5809-0134
営業　17:30～23:30（LO23:00）入店は～22:00まで／土・日曜
　　　15:30～22:00（LO21:00）　月曜休（臨時休あり）
席数　カウンター5席　テーブル8席
交通　根津駅より徒歩2分
酒　　三千櫻・天明・弥右衛門・不老泉など半合500円～・1合980円～
料理　造り盛り合わせ1人前1280円～、鰹のツナとマスカルポーネ780円、本日のカマで一品880円～、厚岸地浅蜊と九条ネギの濁り蒸し980円、富山湾白海老のフリット980円、本日の漬け丼880円　※季節により変更

シンスケ

東京の居酒屋美学とはこれだ

湯島天神下、「正一合の店　シンスケ」は創業大正一四年の老舗。黒格子に清潔な縄暖簾、曇りガラスにシンスケと透かした腰板引戸、酒林（杉玉）、緑を添えた蹲の打ち水が清々しい。店内は白木壁に、まっすぐな一枚板カウンター。余計なものは何もないキリリとした空間はまことに潔く、すっきりした東京風の美学で一本筋を通しているのがシンスケの最大の魅力だ。店をピシッと引締め、また快活にしているのが三代目主人の悠揚迫らざる接客のお燗番と、頼もしい跡継ぎ四代目だ。

カウンター前には清潔な白徳利が並び、品書ビラが連なる。肴はすべておだやかでいて、時に鋭い切れ味をみせる居酒屋料理の最高に洗練されたものだ。

端正にして洒脱。落語家ならば志ん朝。生涯最後の居酒屋一軒、と言われたら私はここの暖簾をくぐるだろう。

住所　東京都文京区湯島3-31-5
電話　03-3832-0469
営業　17:00〜22:00（土曜は21:00まで）
　　　（LO21:30、土曜は20:15）　日曜・祝日休
席数　カウンター13席　テーブル65席
交通　地下鉄千代田線湯島駅湯島天神口3番出口より徒歩2分
酒　　両関（本醸造辛口・秋田）550円、両関（純米）550円
料理　黒まぐろ刺身2500円、あじ酢1200円、豚肩ロースの醬油煮1000円、黒まぐろぬた1100円、きつねラクレット1000円、いわし岩石揚（2個）1050円、にしん山椒漬750円、シンスケ風メンチカツ1000円、ねぎぬた750円、このわた・このこ1000円

名料理

名居心地

鍵屋(かぎや)

裏通りの一軒家に
東京の居酒屋の神髄が

東京

鍵屋は安政三年(一八五六)酒小売商として創業し、昭和初期から店の隅で一杯飲み屋を始め、戦後居酒屋となった。江戸の旧建物で酒が飲めると文人や芸人に愛されたが、言問通り拡張のため今の場所に移転し、建物は江戸東京たてもの園に移築保存された。今の建物は大正時代のもので、裏路地に、紺暖簾が置行灯にぼおっと照らされる光景は誠に美しい。懇意の棟梁に存分に腕を振るわせたという店内は剛直で粋な江戸前仕事で、厚い楓のカウンターに、四畳半小上がりに置かれた昔の座卓がいい。一五、六種の肴は昔から変わらない。白シャツの主人は代々の銅の燗付器で無類の燗をつける。燕脂布を頭にした女性は無駄口叩かず、きちんと腰を置いて注文を伺う。女性だけの入店はお断り。この店は全てが昔のままで、そこに絶大な価値がある。まさに東京の居酒屋の神髄である。

住所　東京都台東区根岸3-6-23-18
電話　03-3872-2227
営業　17:00～21:30　日曜・祝日休
席数　カウンター10席　小上がり2 (7席×2)
交通　鶯谷駅より徒歩5分　地下鉄日比谷線入谷駅より徒歩7分
酒　桜正宗・菊正宗・大関のみ(三大ポピュラー)1合燗560円
料理　鶏皮焼560円、鶏もつ焼570円、合鴨塩焼580円、うなぎくりから焼1本520円、冷奴560円、煮奴610円、鶏もつ鍋730円、鶏皮鍋730円、味噌おでん670円、たたみいわし680円、大根おろし470円、ところてん450円、お新香500円、さらしくじら780円、もずく570円、かまぼこ570円、おみやげ味噌おでん用味噌570円

名居心地

日本居酒屋遺産

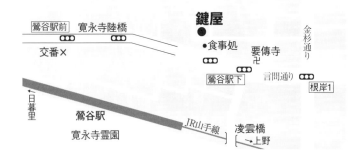

斎藤酒場
(さいとうさかば)

これぞ
懐かしき昭和の酒場

北区十条は昭和の風情を残す大衆酒場のゴールデンゾーンで、昭和三年開店の斎藤酒場はその代表名店だ。浅い舟底天井、ほど良い広さの店内に、大きさ形ばらばらの寄り合い大机が五つ。一枚板だが節が抜け落ち、穴が開いてるのもあってご愛敬だ。今は使われていないが、レジ横の富士塚のような泉水がこの酒場の古さを物語る。肴は〆鯖、煮魚、串カツなど正統居酒屋定番が丁寧に仕事され、ポテトサラダや冬の大根煮は人気だ。

それらの醸しだす往年の大衆酒場の居心地は郷愁に満ちる。昔は良かった、人に温かみや節度があった。そんな空気が確実にここにある。隅の棚にあるプラスチックラジオはテレビのない頃、客が持ってきてくれたもの。酒はここと決めた客で連日満員は、過ぎ去った昭和の良さがますます人の心をつかんでいるのだろう。

住所　東京都北区上十条2-30-13
電話　03-3906-6424
営業　17:00〜23:30　日曜休（祝日は不定休）
席数　50席
交通　十条駅より徒歩1分
酒　　冷やしビール(大)490円、サッポロ生ビール(中)440円、
　　　亀の世(樽酒)260円、清龍(清酒)180円、泡盛230円
料理　ぬか漬210円、月見芋280円、肉どうふ310円、さば味噌煮350円、ポテトサラダ260円、もつ煮込260円、〆さば310円、自家製カレーコロッケ(2個)280円、串かつ(2本)280円、煮魚かれい380円
　　　※季節に応じて日替わりします。

名居心地

日本居酒屋遺産

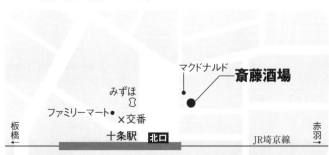

まるます家

大衆居酒屋の最高の模範

創業昭和二五年。すでに六〇年を超えた赤羽「まるます家」の不動の信頼はゆるがない。開店午前九時、閉店夜九時半までぶっ通しの営業。一階のWコの字カウンターは昼から満員だ。看板「鯉と鰻のまるます家」の通り、早朝の店外で毎朝捌く〈鯉の刺身〉、路上にいい匂いが流れる〈うなぎ蒲焼〉は値段よりはるかに質が高く、ビラにずらりと下がる肴はたいへん良心的だ。〈自家製小鰭〉で昼間から一杯はこたえられない。開放的な店ゆえ買物ついでのお母さんも昼の鰻重でちょい贅沢だ。

店の人の、注文を復唱し合って絶対間違えないてきぱきした気働きは見ているだけで気持ちよく、朝からやってる居酒屋の健全さがあふれる。さらに二階入れ込み座敷の懐かしい居心地。父ちゃん、母ちゃん、兄ちゃん、嫁さん。皆ーんな、まるます家に通っている限り大丈夫！

住所　東京都北区赤羽1-17-7
電話　03-3902-5614　03-3901-1405
営業　9:00～21:30(LO21:00)・2階～21:00(LO20:30)　月曜(祝日の場合は火曜)休
席数　1階カウンター30席　テーブル3／2階座敷41席
交通　赤羽駅より徒歩3分
酒　　生ビール(大)750円・(小)450円、瓶ビール600円、ハイリキプレーン1000㎖1100円、長陵1合350円、丸眞正宗1合400円
料理　すっぽん鍋1人前750円、鯉の洗い400円・生刺600円、鯉こく350円、うなぎ蒲焼1800／2300円、なまずの唐揚げ600円、自家製メンチカツ650円、うなぎのかぶと焼1人前(2本)300円、うなぎのカルシウム(骨せんべい)400円

名居心地

↖赤羽岩淵駅

文 赤羽小

赤羽駅南口入口

川口・大宮←　まるます家 ④⑥⓪

東口　赤羽駅　JR東北本線・埼京線

→池袋・上野

東北・上越新幹線

伊勢藤(いせとう)

文化財級の古典居酒屋

花柳街だった神楽坂は東京の京都として今大人気だ。石畳の続くいくつもの小路は東京から失われた粋な町筋の最後の場所だろう。そのシンボル的存在が坂頂上の毘沙門天前を入った伊勢藤だ。

黒塀に緑の植込み、たっぷり長い縄暖簾に「伊勢藤」の行灯からこぼれる光が映えて美しい。店内の黒光りする板壁、土の荒壁、白障子なども別世界のようだ。

広い店内真ん中の囲炉裏には常に炭火が熾り、端座した主人が黙々と酒を燗している。ビールや焼酎はなく、座ると出てくる三品一汁、ほかにつまみいくつか。冷房なし。団扇あり。冬はストーブあり。

昭和一二年の創業店は戦災で焼け、昭和二三年にここを建てたが、出し方は昔と全く同じという。つまり戦前の居酒屋で酒が飲めるということだ。かたくなに古典スタイルを守る文化財級の居酒屋に一度は。

住所	東京都新宿区神楽坂4-2
電話	03-3260-6363
営業	17:00〜21:30　土曜・日曜・祝日休
席数	カウンター6席　テーブル4席　座敷14席
交通	飯田橋駅より徒歩5分
酒	白鷹上撰525円
料理	一汁三菜の日替わりお通し1575円、他は、豆腐・納豆・くさや・たたみいわし・皮はぎ・丸干・えいひれ・明太子・いなご・いかの黒造り・味噌田楽のみ　各525円

日本居酒屋遺産

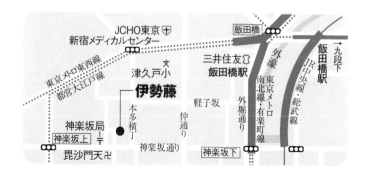

東京

姿(すがた)

神楽坂の姿よい料理と酒

今や人気絶頂の神楽坂。ゆるい坂、石畳裏路地、暮らして行き交うフランス人、色んなカフェは和洋の理想的なミックスだ。

神楽坂ツウは西の小栗通りへ。五〇年を超える小料理「姿」は花柳界らしい粋な料理を楽しめる。お通し〈胡桃豆腐〉の艶冶なコク。〈さより〉造りは大葉細切りをからめた涼しげな浴衣美人。全身に白胡麻をまとった〈穴子胡麻揚〉は太っ腹な男の貫録。〈丸茄子茗荷煮〉は酸いも甘いもかみ分けた年増の艶。酒はその名も「姿」。

白木カウンターに行儀良く並ぶ斜めの半月盆、黒髪総髪の二代目はこれぞ料理人の男盛りだ。およそ二〇年も前、神楽坂で初めて入り、慣れないこちらに白割烹着の先代女将が優しくしてくれたのが忘れられない。先年亡くなられたが、おかげで今も、というか、よい歳になった今からこそ通わせていただきます。

東京

名料理

住所	東京都新宿区神楽坂3-10
電話	03-3268-5587
営業	17:00～23:00（LO22:30）　日曜・祝日休（年末年始・夏季休暇あり）
席数	カウンター8席　テーブル2　個室2（6席・10席）
交通	飯田橋駅より徒歩4分
酒	姿純米吟醸無濾過生原酒1合900円、神亀純米辛口1合900円、〆張鶴純米吟醸1合900円、乾坤一純米辛口1合800円、姶良（芋）グラス600円（ボトル3200円）
料理	造り盛合せ1500円～、穴子胡麻揚1000円、加茂茄子みょうが煮900円、れんこんまんじゅう900円、たこやわらか煮（冷製）900円、うにトロロ磯辺揚1000円、さば押寿し1000円

季彩や ひで
（きさい）

宇和島から
やってきた

平成二六年開店の新しい店。入るとすぐL字カウンター、銘竹で角打ちした網代織の壁がしゃれている。奥に机席の広い部屋も。板前三人と酒担当一人の男四人。

ここは宇和島料理の居酒屋で、地元から出てきて、さあやるぞの覇気がある。お通しは〈鯛の煮とごり〉。宇和島は鯛の養殖日本一だ。日本一の〈じゃこ天〉はもちろん、私が『宇和島の鯛めしは生卵入りだった』という本に書いた〈鯛めし〉もある。〈地鶏のなめろう〉は燻されたコクがいい。

四国宇和島は穏やかな湾の奥深く、不思議な食べ物がたくさんある桃源郷だった。町の魚屋の美人姉さんの名を言うと、なんとそこからも仕入れられているそうで「評判美人です」と笑う。宇和島は獅子文六のベストセラー小説『大番』の舞台。映画化されて人気となった加東大介演じる主人公・ギュウちゃんを思わせる若い店主、ガンバレ！

住所	東京都新宿区神楽坂6-23　神楽坂ガーデンA棟
電話	**03-6265-3778**
営業	17:30～23:00（LO22:30）　日曜休
席数	カウンター10席　テーブル18席
交通	神楽坂駅より徒歩5分　飯田橋駅より徒歩15分
酒	石鎚純米吟醸1合800円、なっそ（どぶろく）1合950円、而今純米・純米吟醸1合1000円～
料理	お刺身盛り合わせ2300円～、宇和島のジャコ天600円、媛っ子地鶏のなめろう950円・むね肉のわら焼1200円・もも肉の塩焼1500円、鹿のもも肉のさっと焼1000円、ウツボの唐揚1200円、宇和島の鯛めし750円

みますや

創業明治38年
東京最古の居酒屋

創業明治三八年。二階建て銅貼りの看板建築、小庇つきの行灯看板、砕石洗い出しの腰壁、長い縄暖簾は堂々たる東京の居酒屋の押出し十分。恐らく現存する最も古い東京の居酒屋で、平成二七年には創業一一〇年を迎えた。現在の建物は震災後の昭和三年のもので、九〇年近く前の居酒屋で酒を飲めるとは何と嬉しいことか。広い店内の高い天井に黒光りする太い梁は昔の居酒屋の雄大さを思わせる。一角に上がる祠はもちろん神田明神だ。

壁にずらりと並ぶ黒札の品書はいずれも東京の居酒屋の正統的な品ばかりで〈どぜう〉〈桜刺（馬刺）〉からざるそばまである。一番人気はスパッと包丁の入ったおおぶりの〈こはだ酢〉。小鉢に辛子をぺたっと塗りつけた〈ぬた〉も、いかにもせっかちな江戸っ子好みだ。遠い明治をしのばせる一級の老舗居酒屋。

名居心地

日本居酒屋遺産

住所　東京都千代田区神田司町2-15
電話　03-3294-5433
営業　平日11:30〜13:30　17:00〜23:00（LO22:20）／土曜17:00〜22:00（LO21:20）　日曜・祝日休
席数　130席
交通　地下鉄丸ノ内線淡路町駅・地下鉄新宿線小川町駅・地下鉄千代田線新御茶ノ水駅より徒歩3分
酒　　白鷹1合450円、佐藤1合750円、田酒1合750円
料理　牛煮込600円、どぜう丸煮700円、にしん棒煮500円、柳川1000円、あなご煮付500円、こはだ酢500円、特上（霜降）桜刺2000円、ふぐビール揚900円、桜鍋1800円、肉じゃがいも450円、ばい貝煮付700円、季節のぬた500円

新八
しんぱち

勢ぞろい日本酒は燗酒に技あり

神田駅東口から少し入ると、瓦屋根や竹垣の純和風の構えの新八がある。一階は入れ込みで奥の小上がりは居心地良い。二階にいくつかある座敷は飲み会に好適だ。

全国名酒が勢ぞろいした銘酒居酒屋として定評高く、とりわけ「神亀」は常時フルラインがそろい、市販していない斗瓶囲いや秘蔵古酒もある。創業主人は神亀に出会い日本酒に開眼、蔵元を師と仰いで田植えから手伝うようになった。能登や徳島から直送の魚もすばらしく、馬刺も一級。冬の自家製鮟肝は絶品だ。燗酒に力を入れ、注文の酒を最も適切にお燗し、時に割り水燗、燗ざましの技もとびだす。「お燗でいろいろ」とお試し燗コースもOKだ。

ここで飲んでいると日本酒の多様なすばらしさに、まさに酔う。二代目は「大江戸日本酒まつり」を主催するなど、東京の居酒屋を支えてゆく意気込みも。

東京

住所　東京都千代田区鍛冶町2-9-1
電話　**03-3254-9729　03-5294-1066**
営業　16:00～23:30（LO料理22:30　飲み物22:45）日曜・祝日休
席数　カウンター14席　小上がり16席　テーブル11（40席）
　　　個室7（46席）
交通　JR神田駅東口より徒歩1分
酒　　神亀(純米辛口)800円、ひこ孫(純米吟醸)1200円、焼酎グラス
　　　（森伊蔵980円、村尾980円、川越800円、赤江780円）
料理　産地直送久留米産馬刺盛り合わせ2580円・(1人前)1780円、
　　　自家製鮟肝1280円、のどぐろ(塩焼・刺身)時価、本日の西京焼
　　　いろいろ950円～、江戸前あなご(白焼・天ぷら・煮おろし)
　　　各1280円～

名酒

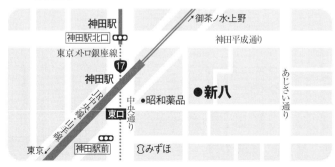

赤津加(あかつか)

古い居酒屋に残る神田の粋と侠気

秋葉原電気街はずれのビルの間に奇跡のように、総二階の古い料理屋が残っている。二階白壁の鏝細工浮き出し文字〈酒泉 赤津加〉、小庇のつく箱に並ぶ料理の短冊板に灯る明かりの眺めはまことに美しい。

店内のよしずの天井、黒玉石洗い出しの床、篠竹を挟んだ腰板、店のシンボルのようなくねくねした天然木の柱。そのいずれもが艶をおびて光り、神田らしい粋な侠気を匂わせるところがさらによく、これほど古風な居酒屋がまだあったのかと驚くだろう。昭和二九年の開店というがもっと古く感じる。間取りがまた絶妙で、今や少し傾いだコの字カウンターを中央に、ちょっと人目を避ける感じの小卓、閉め切れば個室になる小上がりなどは、かつて花柳街だったころの小憎い配慮で、昔の仕事の気のきいた「粋」に嬉しくなる。住年の居酒屋の典型として登録文化財に指定すべき！

東京

住所	東京都千代田区外神田1-10-2
電話	03-3251-2585
営業	17:00〜22:30（土曜営業日は21:30まで）（LO21:45、土曜は20:45）日曜・祝日・第1・3土曜休
席数	カウンター15席　小上がり10席　テーブル20席　座敷20席（5〜6名より要予約）
交通	秋葉原駅電気街口より徒歩3分
酒	サッポロ生ビール（中）580円、菊正宗（本醸造）1合500円
料理	鶏もつ煮込820円、たこ酢800円、肉じゃが730円、あなご照焼900円、笹かれい焼920円、いかみりん焼750円、串かつ730円、揚出豆腐650円、ほたてかき揚880円

※日替りで10品程季節に合わせたおすすめ品有り

名居心地

日本居酒屋遺産

タキギヤ

四谷に時代小説の居心地

東京最高の飲み屋横丁・四谷三丁目。その中ほどの鉤の手に折れた、つまり一番よい場所に「タキギヤ」が開店した。カウンターと狭い小上がり。重なる徳利や小鉢、湯燗器が清潔だ。肴は「ハハハ」と木の葉造りの〈小肌〉、鯵や鰯、勘八などの〈なめろう〉、最近凝っている〈風干し〉は目光、かます、鮎など。すべて一人一皿の小盛りが居酒屋だ。酒の揃いは新しい意気込みのある蔵を応援してよく揃え、私は「今何がいい？」とつねに勉強になる。

板張りの渋い店内に着物で立つ、若さを残した夫婦の働きぶりは、今人気のグルメ時代小説「おまえさん」「なんだい」の世界を見るようだ。主人は有名居酒屋で働いていたが「より自分らしさを掘り下げたい」とここを開いた。店名は「人の心の火を燃す場所になりたい」。その意気やよし。そうなっている。

住所　東京都新宿区荒木町7　安藤ビル1階
電話　03-3351-1776
営業　17:00〜23:00(LO22:30)　日曜・祝日休(年末年始・夏季休暇あり)
席数　カウンター7席　小上がり12席
交通　四谷三丁目駅より徒歩5分
酒　　生ビール500円、神亀純米1合850円、京の香特別純米1合950円、綿屋特別純米1合850円、石鎚純米吟醸1合850円、鷹来屋特別純米1合800円、秋鹿山廃純米1合800円
料理　酢〆(鰆・小肌・鰯など)600円、なめろう(鯵・鰯・間八など)600円、煮付(鰯梅煮など)700円、煮こごり450円、干魚(目光・かます・鮎など)450円〜、野菜煮各種300円〜　※内容は時期により変更

名酒

名料理

名居心地

たく庵

手を休めない料理好き

新宿通りに面した地下。外からはおよそ気付きにくい店に落ち着いた常連が座る。お通しはいつも汁物で今日は〈塩漬けした鶏胸肉と水菜のすまし椀〉。〈小肌のフライ〉は酢〆してない「このしろ」のフライで、滋賀「喜楽長」に合う。フライが上手だなと頼んだ〈メジマグロ七味醬油揚げ〉はソースや醬油いらず。品書きに特記する〈豆富〉と〈オムレツ〉の、豆腐は地元四谷に一二〇年の老舗・栗原豆腐店、玉子は主人の出身地茨城・奥久慈のもの。〈揚げカブと白菜の煮浸し〉〈スミイカ七味醬油焼〉など「料理好きでどんどん増えちゃうんです」とひとときも手を休めない主人・小原卓也さん（それで「たく庵」の苦笑する顔がよく、奥様との阿吽の呼吸が店をなごませる。真樺のカウンターには虎の如き縞模様と龍の如き斑紋が見え、龍虎カウンターと呼ぼう。

東京

住所　東京都新宿区四谷3-13-1　大高ビル地下1階
電話　03-3357-0543
営業　17:30～24:00（LO23:30）／土曜～23:00（LO22:00）
　　　日曜・第2第4土曜休（年末年始・夏季休暇あり）
席数　カウンター10席　テーブル6席　小上がり6席
交通　四谷三丁目駅より徒歩2分
酒　　ヱビス生ビール600円（中）、一品純米1合800円、乾坤一純米吟醸1合900円、焼酎グラス500円～、ワイン（国産・外国産）グラス700円～（ボトル4000円～）
料理　お造り盛り合わせ1500円、コハダのフライ800円、ポテトサラダ600円、わら納豆と焼きのり800円、奥久慈玉子のオムレツ700円、自家製ベーコン1300円、揚げ立て厚揚げ700円

まるしげ夢葉家(むようや)

好漢主人と実力で
赤坂の夜は満員

居酒屋不毛の地赤坂に、規模も実力も意気込みも満点の有難い店あり。外階段を上がった二階の店内は広く、一〇人くらいの団体はいつでも来いだがカウンターでちんたら飲むこともできる。焼酎、日本酒の揃いは東京屈指。特筆は一五種におよぶ本格焼酎の前割りで、仕込み水で割る全割りもあり、そのぬる燗は焼酎最高の境地を味わえる。刺身も肴もまことに充実し、奄美大島の黒糖焼酎蔵に通う店主が、蔵のお母さんに教わってきた〈豚足黒糖煮・奄美山田流〉〈油そうめん富田流〉は必食の逸品。〈シラスDEペペロンチーノ〉や〈豚耳のテリーヌ〉など創作ものも魅力だ。

店主・小久保さんは「まるしげ」よりも「まるひげ」と言いたいカールおじさんのような黒髭にタオル鉢巻きの好漢で、女性人気も高い（くやしー）。というわけで連日満員もむべなるかな。

住所　東京都港区赤坂2-14-8　山口ビル2階
電話　**03-3224-1810**
営業　17:00〜（LO1:00／金曜、祝日前日LO3:00）
　　　土曜不定休、日曜・祝日年末年始休（夏季休暇あり）
席数　カウンター11席　個室1（全8席）　小上がり16席
交通　地下鉄千代田線赤坂駅より徒歩3分　地下鉄銀座線溜池山王駅より徒歩5分
酒　　鳳凰美田芳（純米吟醸）1合900円、悦凱陣（純米）1合750円、萬膳（芋焼酎）100ml650円、さつま寿（芋焼酎）・龍宮（黒糖焼酎）各100ml550円
料理　皮はぎ肝和え造り1000円、ジャガイモDEカルボナーラ800円、ほっき貝のさっとあぶり850円、ピータンとザーサイの白和え550円

名酒

名料理

とど

大分郷土料理はワンダーランド

東京は日本中の郷土料理居酒屋の集まる町だが、多くは観光店でもの足りない。「大分郷土料理とど」は本物の地元料理が魅力だ。大分空輸の魚で、まずは搗り胡麻の醤油タレに関鯖や関鯵の刺身を漬けた〈りゅうきゅう〉。本場ではご飯にのせてかっこむ。刺身のおから和え〈きらすまめし〉や〈焼すっぽん〉〈鴨吸い〉もご当地。

蓮根、納豆、らっきょうなど何でも注文に応じてその場で揚げる〈さつま揚〉が楽しい。錫鍋にビールをなみなみと沸かして刺身を泳がす〈鯖のしゃぶしゃぶ〉は、軽い苦味がきいて箸が止まらず、焼酎に最高だ。飲んだ最後は手延べ〈だんご汁〉で大満足。新宿で四〇年続けて越してきた赤坂は、カウンターも広さも手ごろになって使い易い。大分出身、貫禄の女将は客の面倒見で信頼あつく、赤坂族紳士をひきつけてゆくことだろう。

東京

住所　東京都港区赤坂3-11-1　難波ビル地下1階
電話　03-3584-5119
営業　17:00～23:30（LO22:30）
　　　日曜・祝日・年末年始休（夏季休暇あり）
席数　カウンター8席　小上がり2（10席）テーブル3（12席）
交通　赤坂見附駅より徒歩2分　赤坂駅より徒歩6分
酒　　西の関花（純米酒）1合600円～、八鹿福来1合600円、いいちこ・すずめ（麦焼酎）水割・湯割各500円、玲瓏・黒霧島（芋焼酎）水割・湯割各500円、豊後梅酒ロック600円
料理　りゅうきゅう（カンパチ、サバ、アジ）1500円～、さつま揚各400円（約30種類）、関鯖・関鯵刺身2300円、包丁汁（だんご汁）800円、やせうま800円、いわしつみれ汁600円

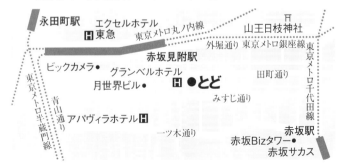

池林房(ちりんぼう)

最も新宿的な居酒屋とは

大歓楽街新宿を代表する居酒屋といえば池林房にとどめをさす。その特徴は、(1)旨いもの本位の実質料理 (2)若いのが黙ってきぱき働く (3)安直な値段 (4)朝までやってる。つまり最も新宿的といえようか。いつ行っても満員で、若者やマスコミ、映画演劇出版関係、すなわち大声でわいわい話しながら痛飲する連中がグループで賑やかにやっている。

店内は屋台がいくつもある破天荒なスタイルで、知らぬ同士がいやでも顔突きあわせて飲む格好になる。電柱に電線らしきものまであり店の狙いがよくわかる。私も打ち上げやら、出版記念会の流れやらここに世話になってばかりだ。

文化にあこがれ、人と交流して何かを成そうという夢を持つ人間が集まる、これをこそ新宿的といおう。看板の名コピー「やれ歌え酒池肉林には届かねど」に乾杯！

住所	東京都新宿区新宿3-8-7　1階
電話	**03-3350-6945**
営業	月曜～金曜17:00～5:00（LO食べ物4:00　飲み物4:30） 土曜日曜・祝日16:30～5:00（LO同上）
席数	カウンター8席　小上がり20席　テーブル45席
交通	地下鉄丸ノ内線新宿三丁目駅より徒歩3分
酒	ヱビスビール（生・黒生）各630円、〆張鶴 純1合890円、富久鶴1合600円（他日本酒全15種）、㐂六600円（他焼酎全22種）
料理	馬力和え700円、しらすと大葉の玉子とじ750円、まいたけのオイスターソースやきそば800円、豆腐のねぎサラダ800円、こんにゃくとしらす炒め450円、ラム肉と玉ねぎ生姜炒め850円

名居心地

よよぎあん

実力は客が知っている

代々木駅近いビルの地下。産直刺身から始まり〈スミイカとわけぎぬた〉〈天然ブリみぞれあえ〉〈カツオくんせいタレ焼〉〈ゴールデンポークほほ肉リエット〉等々、品書きからふつふつと意欲が感じ取れる。東京野菜に力を入れ、簡単な〈世田谷・葉大根おかか炒め〉に箸が止まらない。定番人気のポテサラは月ごとにタイプが変わる。

若主人は、青森から上京した父が開いた居酒屋「代々木庵」を継ぐにあたり、大学を出て、大塚の名店「こなから」で六年修業。その成果が行くたびに変わる品書きに爆発している。もちろん酒もいい。

居抜きの店内はカウンター、テーブル、小上がりと使いやすく、ここほど「客は正直だ」を実証する店はない。格好ばかりのダイニング居酒屋にはだまされない"実力ある居酒屋ファン"で満員だ。

名料理

住所	東京都渋谷区代々木1-34-5 ワタナベビル地下1階
電話	03-3374-4024
営業	18:00～23:30(LO23:00) 日曜休(年末年始・夏季休暇あり)
席数	カウンター10席 テーブル2(各6席) 座敷テーブル3(各4席)
交通	代々木駅より徒歩1分
酒	関乃井各種1合500円～、早瀬浦純米1合680円、さつま寿(芋)110ml500円、佐藤(芋)110ml630円、桜島900ml2300円、宝山900ml2800円
料理	ポテトサラダ500円、日高ゴールデンポークもつ煮600円ほか季節メニュー(例:旬のお刺身1000円～、子持ちヤリイカ煮付600円、季節のお野菜のホットサラダ700円、江戸前鯖棒寿司800円)

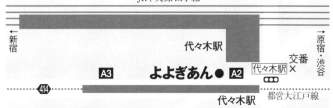

たき下

大人が都心で一杯

魅力の町・麻布十番に名店あり。京都「たん熊」で修業した主人は故郷西伊豆といわき小名浜から毎朝直接魚を送ってもらい、何が届くかは開けてみないとわからないが、築地経由で鮮度も下がり値段も上がるより遥かに良いと言う。その大きな炭火焼きは間違いなく東京一の焼魚。昼の各種定食はつねに行列で、人気は〈黒むつ釉香焼〉か〈あこう鯛〉か。お代わり自由のたっぷりの大根おろしがうれしく、自家製の魚そぼろふりかけでご飯また一杯。

高級感あふれる店内は近所にお住まいの余裕ある方々が盃を傾け、大人のデートもちらほら。五〇〇〇円のコースはすっぽん小鍋を選べるときもあり、手軽に割烹料理を楽しめる。いつかはここを紹介したいと昼も夜も通っていた私は「太田さんならいいです」とめでたく掲載OKに。ここは大人の使える勝負店です。

名居心地

住所　東京都港区麻布十番2-1-11　小島ビル1階
電話　**03-5418-4701**
営業　11:30〜14:30（LO14:00）　17:30〜23:00（LO22:00）
　　　無休（年末年始休暇あり）
席数　カウンター8席　テーブル2（6席）　小上がり3（10席）
交通　麻布十番駅より徒歩3分
酒　　生ビール（中）600円、〆張鶴月本醸造1合600円、上喜元純米1合700円、初孫純米吟醸800円、黒龍いっちょらい吟醸1合700円、焼酎（麦・芋）グラス600円
料理　刺身単品1800円、塩焼き・柚香焼き・味噌漬け・干物各1200円、じんた（豆あじ）唐揚げ・いわしつみれのしそ揚げ・小アジのフライ各1200円、季節野菜料理800〜1200円

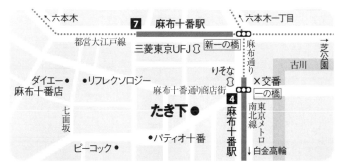

さいき

古きよき小酒場のあじわい

古い風情を残す小さな一杯飲み屋は東京からどんどん消えているが、昭和二三年開店から変わらない「さいき」は貴重な一軒だ。古風な舟底天井、すすけた壁、小さなカウンターなど、古く懐かしい往年の小酒場がここにある。はじめにお通し三品が出るほか、小黒板の品書は、刺身に〆鯖、砂肝揚げ、胡麻和えなど。自慢の〈えびしんじょう〉はハフハフ熱く大変よい。一番人気はシンプル極まりない湯豆腐だ。

しかしここはそれだけの店ではない。戦後文学の旗手、島尾敏雄、吉本隆明、遠藤周作、安岡章太郎、吉行淳之介らが、夜な夜な集まり文学論を戦わし、やがてデビューしていったという懐の深い店でもある。が、文士の色紙一枚飾るでもなく、それを知る客が来るのでもない普通の居酒屋であるところがなおいい。入ると「おかえりなさーい」がお約束のご挨拶だ。

東京

住所　東京都渋谷区恵比寿西1-7-12
電話　03-3461-3367
営業　17:00〜23:30（LO22:30）土曜・日曜・祝日休
席数　カウンター10席　テーブル8
交通　恵比寿駅より徒歩1分
酒　　賀茂泉500円、一ノ蔵500円、古秘(芋焼酎)700円
料理　生くじら刺1000円、くじら竜田揚1200円、〆さば900円、牛すじ煮込850円、えびしんじょう900円、かにクリームコロッケ800円、出し巻卵650円、厚揚650円、天ぷら750円、豚バラ酒盗焼750円

名居心地

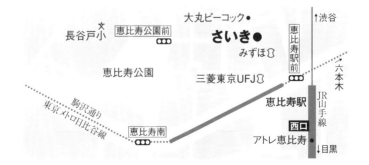

藤八
とうはち

中目黒に大衆居酒屋の熱気あふれる

東京の大衆酒場が下町に集中しているのは、そこに何代も住む人がいて町がある成熟に達し、社交場としての酒場が必要になっているからだ。山の手にないのは地域の成熟が今ひとつなのだろうと思っていたが、どっこい中目黒に夜な夜なたいへん活気に満ちた居酒屋がある。一歩店内に入ると壁を埋め尽くす品書に圧倒され、さらにその下をぎっしり埋める客たちの熱気にも。刺身をはじめ〈自家製腸詰〉〈いかのかき揚〉〈肉じゃがコロッケ〉は大人気だ。名物〈アリラン漬〉はしゃきしゃきキャベツにニンニクがよくきき、飽きないうまさ。中年男から若い女性まで満員の客に、見ず知らずの人と同席で飲む楽しさが盛り上がる。安いからだけではない。そこに集まりそこで飲む祝祭感が、大衆酒場の真の価値で、町にはそれが必要なのだろう。音楽業界系多し。

名居心地

住所	東京都目黒区上目黒1-3-16　藤ハビル1階
電話	**03-3710-8729**
営業	17:00～23:00　日曜・祝日休
席数	100席
交通	東急線・地下鉄日比谷線中目黒駅より徒歩3分
酒	獺祭(純米吟醸)1合730円、黒霧島(芋焼酎)480円、生レモンサワー420円
料理	自家製腸詰450円、自家製はんぺん450円、いかのかき揚450円、肉じゃがコロッケ280円、京風うどん470円〜、まぐろカマ620円、まぐろぶつ480円、牛もつ煮530円

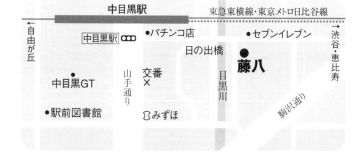

高太郎
（こうたろう）

渋谷に得がたい大人の居酒屋

奥に伸びるカウンターの先はテーブル席。板壁が温かいモダン和風は大人の雰囲気だ。厨房の大小数々の打ち出し雪平鍋、炭火の火熾しなどが本格の仕事をわからせる。

色んな種類の〈浸し豆と青菜〉と決めたお通しがいい。「とりあえず」の〈燻製ポテトサラダ〉、〈牡蠣オイル漬〉などはすぐ出る酒の友。「お造り」の〈真鯛焼霜〉は真っ赤に熾った炭を真鯛の皮に直接押し当て、じゅうと白煙を上げる炭の香りがついた焦げ風味がすばらしい。酒の選びも当を得て燗具合にも神経をつかい、うるさ型を満足させる。香川出身の主人が毎日手打ちする讃岐うどんがまた楽しみだ。

十分な修業を積み、本格志向を通して平成二三年四月開店。渋谷に大人の行ける居酒屋を求めていた人々に、たちまち注目され人気店となった。

名料理

住所	東京都渋谷区桜丘町28-2　三笠ビル1階
電話	03-5428-5705
営業	18:00～2:00（LO24:00）　日曜第1月曜休（年末年始・夏季休暇あり）
席数	カウンター10席　テーブル12席
交通	渋谷駅より徒歩4分
酒	日本酒：石鎚・喜久酔・貴・七本鎗・凱陣・いづみ橋・秋鹿・宗玄・風の森・竹雀の10種類限定1合790円～
料理	燻製ポテトサラダ800円、本日のお刺身盛三点1800円～、讃岐メンチカツ800円、黒もずく酢600円、香川讃岐バーク豚肩ロース黒胡椒焼1400円、クリームチーズといぶりがっこ味噌粕漬650円、高太郎毎日手打ちぶっかけうどん600円

酒とさか菜

裏渋谷に本格居酒屋あり

道玄坂にあった銘酒居酒屋「酒菜亭」が名を変えて神泉に移り五年。大人の神泉は正解だった。女将の高塚正子さんはネットでも熱心に発信する日本酒界では知られた方。すべて蔵元直送四〇種ほどの、自ら仕込みにかかわった「酒とさか菜」純大吟生は冴えた旨口。包丁を握るご主人は静岡出身で本場〈静岡おでん〉は黒はんぺんが名物。〈かつお〉〈鯵の昆布〆と〆鯖〉のツンツンに切れる山葵は郷土の意地か。今日のお通し〈生シラス昆布〆〉は水分が抜けてねっとり、〈キクラゲとカワハギ和え〉は酒飲み泣かせ。ここに来たらつべこべ言わず、今日の酒と料理を聞いてことを運ぶ。モダンセンスあふれる店ばかりの裏渋谷にあってここは昔ながらの居酒屋。しかしそれがかえって欧米人ファンを作っているのがこの町の面白いところ。「ナマザケね」「オカンで」と注文もうるさいです。

東京

住所	東京都渋谷区神泉町12-4 アーガス神泉ビル1階
電話	**03-3496-1070**
営業	17:30〜24:00(LO23:00) 日曜・祝日翌日休(日曜に続く祝日臨時休あり)
席数	カウンター8席 テーブル12席
交通	渋谷駅より徒歩10分 神泉駅より徒歩3分
酒	酒とさか菜・オリジナル純米大吟醸生酒グラス1100円、七冠馬うすにごり・オリジナル吟醸グラス1250円、蓬莱泉・空純米大吟醸グラス1200円、奥丹波純米吟醸生酒1150円
料理	極上・鯨の刺身1500円、本場・静岡おでん3本450円〜、鮪とアボカド本わさび醤油1000円、東京X串焼き2本600円、牛すじ柔らか煮500円、鵡川の子持ち本ししゃも3本750円

名酒

松濤はろう
渋谷の大人デートはここ

高級住宅地の通りに面したマンション半地下の細格子戸玄関。白木カウンター、奥に六人机一つの店内は清々しく、調理場に立つのはネクタイに白調理着正装の主人と着物に白割烹着の若女将。東京に案内ない典型的な京都のカウンター割烹の構えだ。

料理は例えば〈造り盛り〉もそれぞれに仕事がほどこされて繊細。主人は鰹節生産日本一の鹿児島枕崎出身。〈鰹の腹皮レモン蒸し〉は、鰹節製造で捨てる腹皮を地元では醬油で焼くのを、酒とレモンで蒸した逸品だ。特注の銅の湯燗器による、秋田美人若女将のお燗もまた丁寧。

正面の抹茶緑とベージュを市松に貼ったタイルは京都東福寺の、昭和のアヴァンギャルド作庭家・重森三玲の庭に触発されたという見事なもの。カウンターと椅子の高さの関係など店造りも行き届き、大人のしっとりしたデートに最適だ。

住所	東京都渋谷区松濤2-14-12　シャンボール松濤101
電話	**03-6887-2841**
営業	17:00～24:00（LO23:00）　不定休
席数	カウンター9席　テーブル6席
交通	渋谷駅より徒歩15分　井の頭線神泉駅より徒歩5分
酒	サッポロ赤星ラガー（中瓶）700円、美酒の設計1合1350円、鶴の友1合850円、喜一郎の酒1合950円、鷹勇（生酛）1合1100円、睡龍1合950円
料理	お造り単品900円～、お造り盛り（4点1人前）1600円～、ポテサラ700円、甕蒸し牛すじ白味噌仕立て700円、穴子ごぼう巻1500円、ハムカツ900円

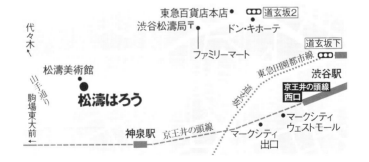

東京

笹吟 (ささぎん)

繊細な料理と銘酒は
女性にも圧倒的人気

高級住宅地・代々木上原の「笹吟」は、酒と料理を等分に楽しむニューウェイブ居酒屋の最高峰だ。モダン和風の明るく軽快な店内。日本酒は定評銘酒四〇、気鋭の銘酒三〇、さらに保冷庫にはただいま到着が詰まる。手書きコピーの一〇〇種におよぶ料理はひと月ごとに変わる。造り、焼物、煮物、蒸し物、揚物などいずれも工夫があり、メニュー解読が楽しみだ。圧巻はイタリアンやフレンチの前菜のように、和洋素材に果物やウォッシュチーズなどを合わせた二〇種にもおよぶ和え物で、発想の妙にうならされるが、それらはすべて日本酒をおいしく飲ませる推進役になっているところが、居酒屋の真面目だ。

客はご近所の余裕のありそうなど夫婦、カップル、酒好き、女性だけのグループも多い。酒、料理、雰囲気、すべての点で自信を持ってお勧めできる名店。

住所　東京都渋谷区上原1-32-15
電話　**03-5454-3715**
営業　17:00～23:45（土曜は23:15まで）
　　　（LO23:00、土曜は22:30）　日曜・祝日休
席数　カウンター10席　小上がり10席　テーブル18席
交通　小田急線・地下鉄千代田線代々木上原駅南1出口より徒歩1分
酒　　群馬泉400円、早瀬浦750円など約80種
料理　合鴨と若筍の挟み焼1250円、すっぽんと冬瓜の小鍋1250円、野菜の焚き合わせ950円、豆腐の野菜あんかけ1250円、いちじくのゆば包み揚950円、馬肉とりんごのユッケ950円、芽かぶとろろうに添え850円、いかの塩辛茶漬け850円、鯛茶漬け950円

名酒

名料理

両花
りょうはな

若者の町の
落ちついた一杯

若者の町下北沢に大人の居酒屋あり。黒でまとめたシックな空間に、馬蹄形のカウンターと板張りの小上がり。掘りこたつ式の大テーブルが落ち着く。

酒・焼酎の品ぞろえ良く島根「豊の秋」広島「華鳩」あたりは東京では珍しい。ハウス酒「両花」は「神亀・純米」で言うことなし。料理は幅広く、焼いた薄揚げに鰹節、葱、生姜をたっぷりかけたおなじみ〈焼あぶらげ〉がたいへんうまい。「一番簡単なのが一番よく出るんですよ」とスキンヘッドに作務衣の主人が笑う。〈鰯の味噌たたき〉も人気の一品だ。黒い内装は、実家がかつて新潟の造り酒屋で、その蔵の黒壁をイメージしたそうだ。

主人は下北沢生まれの下北沢育ち。私には青春時代の町だ。今でも演劇を見るためや飲むためだけにふらりとやって来る。そこに良い居酒屋のある嬉しさ。

住所　東京都世田谷区北沢2-34-8　KMビル2階
電話　**03-3468-6456**
営業　月曜〜土曜17:30〜1:30（LO24:30）
　　　祝日17:00〜24:00（LO23:00）　日曜休
席数　カウンター12席　小上がり16席
交通　小田急線・京王線下北沢駅北口より徒歩4分
酒　　神亀900〜1400円、秋鹿950〜2000円、上喜元650〜1800
　　　円、つくし600円、天下一700円、松露550円
料理　刺身盛り合わせ（1人前）1800円〜、とうべい（豆腐味噌漬）
　　　530円、焼あぶらげ370円、韓国のりとレタスのサラダ840円、
　　　生麩となすの揚出し680円、夏野菜の含め煮（冷製）680円、
　　　炙り角煮890円、金針菜と豚肉の炒め物890円、梅醍醐580円

東京

まきたや

郊外の上質な居酒屋の力

平成二〇年に開店した「まきたや」は、よく考えられバラエティに富んだ季節料理、選ばれた酒、落ち着いた大人の店構えで、一人客、カップル、夫婦などすっかり上質の常連客がついた。

カウンターにはめこんだ木のネタケースに並ぶ一〇種ほどもある刺身のサクから好みで二点盛り、三点盛りを選ぶ楽しさ。〈鯛と赤貝〉その心は紅白、〈小鰭と初鰹〉その心は江戸っ子好み、とか言っちゃって。嬉しいのは海苔巻で〈干瓢巻〉やマグロと沢庵の〈トロたく巻〉など、居酒屋の〆に海苔巻があればなあという願いがかなった。酒好きには、常時二〇種、常に変化ありのラインナップが興味深く、ブレイク寸前の新鋭酒をずいぶんここで知った。

東京の新しい名居酒屋は落ち着いた郊外に生まれている。私はこれと思う人をずいぶんお連れしたが全員が満足した。

名料理

住所	東京都世田谷区赤堤5-31-2
電話	03-3324-7249
営業	17:30〜24:30(LO23:30)　不定休
席数	カウンター11席　テーブル7席　小上がり8席
交通	下高井戸駅より徒歩3分
酒	鶴の友本醸造グラス580円、月山純米グラス560円、くろさわ純米グラス580円、宗玄純米グラス640円、悦凱陣純米グラス700円、隆純米グラス780円、酉右衛門純米グラス680円
料理	刺身盛り合わせ2点盛680円・二人前1680円、あじのなめろう680円、季節の焼魚・煮魚680円〜、ポテトサラダ430円、和牛肉どうふ1030円、だし巻玉子680円

うち田

意欲あふれる料理とおふくろの味

三軒茶屋商店街をはずれたあたり。小さな店ながら料理は意欲満々。魚介刺身の上等は当然のこと、はも、筍、馬刺、ラム、イベリコ豚、牛モツ小鍋、鮎押し寿司など幅広く、年三回は出かける、地方で開拓してきた素材が新メニューになって登場する。三点盛りのお通しは季節の彩りがいつも楽しみだ。

〈青柳醬油焼〉は簡単な品ながらじつに丁寧な仕事。〈カニとカニみその炙り〉は酒がとまらない逸品。主人の母が作って届ける〈おふくろの味煮物〉があれば、迷うことなく注文すべき。愛情と年季の入った味には誰しも心うたれるにちがいない。日本酒、焼酎も定評銘酒より実力重視で、ここにも姿勢が見える。

知る人ぞ知る店に、ご近所らしい上品な夫婦客が常連だ。力のある店はいつの間にか知れわたり繁盛する。

名料理

住所　東京都世田谷区太子堂4-28-6　サダン太田ビル1階
電話　03-5430-3711
営業　17:30〜1:00　土曜17:00〜24:00　日曜休
席数　カウンター6席　小上がり10席
交通　東急線三軒茶屋駅より徒歩6分
酒　　能古見1100円、臥龍梅1000円、南900円、赤霧島(芋焼酎)800円
料理　お刺身3点盛2500円、天麩羅盛合せ(小)1500円、天然和歌山熊野川鮎塩焼1500円、熊本馬刺赤身2400円・しもふり3000円、おふくろの味野菜の煮物680円・マカロニサラダ500円

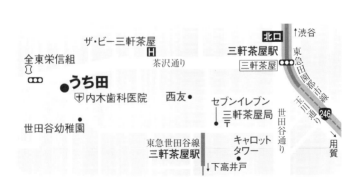

第二力酒蔵
ない魚はない
迫力を見よ

駅すぐ近く。十字路角のガラスケースにぴかぴかの魚が詰まるのが見える。鯛、鰹、しゃこ、岩かき、平貝、鮑など店内に並ぶ壮観なビラは時季の魚でないものなく、あまりの多さにたじろぐが、高いものは高い、安いものは安いの値付けがかえって信頼がわく。刺身、煮魚、焼魚、天ぷらなど厨房には白衣板前七人が立ち万全だ。

店は大きく、一人用カウンター、机席、入れ込み小上がり、掘りコタツ、座敷、二階は宴会などあらゆる客に対応できる。看板にもなった満員店内を活写した絵は常連だった画家・風間完のものだ。

午後二時に赤提灯が下がれば開店。毎日食事にくる高年夫婦、夕方早くはリタイア組、やがて勤め人、子連れ家族や女性のグループも多く、誰もが平等においしい料理と酒を楽しんでいる。「ここに幸あり」これほど健全な居酒屋はない。

名居心地

住所　東京都中野区中野5-32-15
電話　03-3385-6471
営業　14:00〜23:30（LO22:30）　日曜休
席数　カウンター28席　小上がり48席　テーブル32席　個室9
交通　中野駅北口より徒歩3分
酒　　麒麟山（新潟）グラス930円・500ml 2170円、八海山グラス880円
料理　戻りかつおポン酢1400円、あわびステーキ3500円、きんき煮付3800円〜、かきくわ焼1280円、煮物盛り合わせ720円
　　　※11月より　あんこう鍋2700円、寄せ鍋2700円、たらちり1900円、たら白子ポン酢1200円、自家製あん肝1000円

らんまん

戦前の建物で味わう最上の刺身

幾筋にもわたり居酒屋、ラーメン屋などがえんえんと続く中野駅北口飲み屋街に、忽然と古色蒼然たる銅葺き看板建築の魚料理屋がある。創業大正一一年の戦前の建物だ。中がまた網代の天井に、檜皮の小庇と往年の小粋な風情がたまらない。

ここは魚介がイチ押し。ガラスケースにはすずき、こち、ひらめなど季節の最上品の立派な成魚が、さあどうでもしてくれと横たわる。鯛好きの私は春に必ず訪れ、赤貝、蛤などとともに楽しむ。冬のおでんはほっとさせる薄味でおいしい。酒は「松の司」「〆張鶴」など中堅名酒がそろう。

銀髪主人と壮年の板前に、お運びの娘のこぢんまりした店ながら、ここで魚を食べる会とかが、最上の黒鯛を頼んでおき、九人ほどで食べ尽くすそうだ。一人の私はカウンターに席をとり、最上の刺身で一杯。たまりまへんな。

住所　東京都中野区中野5-59-10
電話　**03-3387-0031**
営業　17:00〜23:00　第2／4土曜・日曜・祝日の月曜休
席数　カウンター6席　テーブル2（10席・5席）　座敷15席
交通　JRまたは地下鉄東西線中野駅より徒歩3分
酒　　松の司500円、〆張鶴700円、多聞辛口300円、三千盛500円、浦霞350円、菊水辛口（300mlボトル）800円
料理　鯛刺身1800円〜（時価・季節限定）、こち刺身2000円、すずき刺身1500円、〆サバ1500円、のどぐろ焼魚時価、もずく300円、穴子白焼2500円

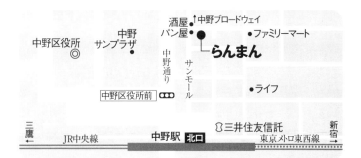

有いち

茶室の雰囲気 割烹料理で一杯

若主人は人形町の高級酒亭「きく家」の出身。おすすめは彩りも仕事も工夫した品が一皿に並ぶ〈季節の盛り合わせ八寸〉で、ほとんどの人がこれから入る。

季節重視の割烹料理は〈天然魚造り〉〈炭火焼〉〈煮物〉いろいろに〈肴〉がフグ白子豆腐・香住香箱カニ・羅臼子持ち昆布・活イカ肝和え・赤貝と柚子白菜と浅葱のぬた・京都掘りたて牛蒡山椒焼など。最後の〈食事〉は手打ちそば・出汁かけご飯・あんかけご飯・鯖へしこ茶漬。

ある日の私の注文は「新筍と若布の若芽の煮物、メバルの煮付、春ニシンのバッテラを順番に間を空けて。酒は神亀の燗」。落ち着いた京壁、割竹腰板の店内は行灯の光が柔らかく、腰掛には趣味の良い鮫小紋座布団が敷かれて茶室の雰囲気だ。

個性派居酒屋の多い中央線沿線に本格修業の割烹居酒屋が貴重だ。

住所　東京都杉並区上荻1-6-10
電話　**03-3392-4578**
営業　17:30〜23:30(LO23:00)　日曜・祝日の月曜休
席数　カウンター6席　テーブル8席
交通　荻窪駅より徒歩1分
酒　　大七純米生酛1合780円、〆張鶴純1合900円、白鴻1合950円、麓井純米吟醸1合950円、純米神亀ひこ孫1合900円
　　　＊焼酎：常時4〜5種類
料理　季節の天然魚造り盛り込み1800〜2400円、季節食材のぬたもの1000円前後、採りたて野菜のおひたし600円前後、天然魚炭火焼各種1000〜1600円、活鱧料理各種1000〜2000円、季節料理の吹き寄せ2000円前後

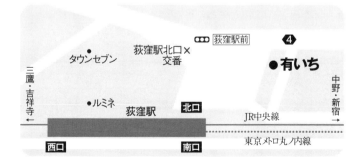

善知鳥
燗酒名人の望郷酒場

阿佐谷の「善知鳥」は青森の郷土料理と独特のお燗の技、はるか上からじょぼじょぼと流し移す「オカンタージュ」などでファンを集めていたが、あるとき閉店してしまった。それが五年ぶりに西荻窪にひっそり再開した。番屋風障子戸を開けた店内は、廃材を打ち並べた壁、床はむき出し、裸天井から笠電灯が下がる北国の寒々しい雰囲気がいい。左奥のカウンターに主人・今さんが立つ。懐かしい〈貝焼みそ〉〈鰊の切り込み〉〈けの汁〉。かつて青函連絡船を待つとき食べる〈青森おでん〉は味噌だれで、大きなさつまあげ〈大角天〉が名物だ。

無口朴訥そのままに店内は飾らず、せめてもと旧式のステレオを置くのが泣かせる。休業中もお燗の研究を重ね、徳利の斜め水平振りは酸が立つことを発見。試してもらうと確かにその通りだった。太宰治の故郷を思わせる文学的望郷酒場。

東京

住所　東京都杉並区西荻北3-31-10小西ビル2階
電話　03-3399-1890
営業　17:00〜22:00
　　　日曜・祝日の月曜・年末年始休（夏季休暇あり）
席数　カウンター7席　テーブル1（4席）
交通　西荻窪駅より徒歩4分
酒　　長珍（純米吟醸）1200円、生酛のどぶ（にごり酒）900円、喜久酔（特別純米）800円　各1合強もっきり
料理　生カラスミ900円、ズワイ蟹内子900円、カキ塩辛900円、苦うるか1300円、青森おでん800円

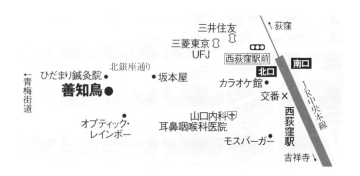

酒房 高井
しゅぼう たかい

中央線文化の味わいただよう

戦後、中央線沿線は文士が住み着いて独特の中央線文化を作り、居酒屋も個性派がそろった。西荻窪伝説の「はるばる亭」の常連だった高井さんは店主に懇願されて店を継ぎ、その後の閉店で西荻に店をもった。昔は京都大映撮影所の照明部にいて、仲間の大道具に頼んだ内装は、カーブしたカウンター、荒土壁、網代織といい仕事をしている。名物は〈新じゃが豚バラ煮〉。カウンターにうずたかい塩釜は〈黒豚岩塩焼〉。日本酒はよいものがそろっている。

駅から少し歩き、この先は住宅地になる境の店に勤めを終えた男女が一人で来て静かに飲み、無口な高井さんも相手をしない落ち着いた空気が中央線だ。店は奥様と一日交替で、休日は読書三昧とか。店のあちこちに奥様が飾る野花、友人が連れてきた五歳の娘が描いた高井さんの似顔を、宝物のように飾るのがいい。

名居心地

住所	東京都杉並区西荻北3-31-6 西荻ハウス102号
電話	03-3394-3852
営業	18:00〜1:00／日曜17:30〜24:00　月曜・木曜休
席数	カウンター17席
交通	西荻窪駅より徒歩5分
酒	ハートランド(中瓶)594円、サッポロ赤ラベル(大瓶)648円、ヱビス生(中)594円、獺祭純米大吟醸1合810円、田酒特別純米1合810円、神亀にごり1合810円
料理	新ジャガ豚バラ煮702円、黒豚岩塩やき918円、牛肉春雨702円、いかわたやき864円、メカブ・生のり・もずく540円、しじみの老酒づけ648円、豆腐の味噌づけ540円、ホタテのコーンやき756円

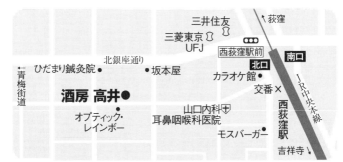

闇太郎
(やみたろう)

これぞ「ザ・居酒屋」

人気の町・吉祥寺といえども、駅からちょっと離れた、車が行き交う五日市街道沿いに夜七時から深夜一時まで「闇太郎」が開店する。L字カウンターに一人で立つ主人ははきりりと巻いた豆絞りに意気込みが。肴は〈おでん〉に名物〈塩らっきょう〉〈まぐろ納豆〉〈もつ煮込み〉など。酒は信州でみつけた渋い地酒「美寿々」がメイン。変哲もない居酒屋に作家や漫画家の常連が通い、深夜の酒を楽しんでいる。主人は特に口をはさまないが、時折、話題に参加したり、一緒に酒をくみ交わす。

ここから文学が生まれる。トレンディでも何でもない居酒屋だからこそ思索を生み、観察力を高め、酒の力を知る。

すでに開店四五年。二五周年に常連たちが作った記念文集には「居酒屋とは、人間が人間的になる再生の場」という主人の言葉が載る。これぞ「ザ・居酒屋」。

東京

住所　東京都武蔵野市吉祥寺東町1-18-18-1階
電話　**0422-21-1797**
営業　19:00〜1:00　日曜休（年末年始・夏季休暇あり）
席数　カウンター14席
交通　吉祥寺駅より徒歩7分
酒　　サッポロ黒ラベル生（大瓶）550円、美寿々冷酒1合400円、剣菱1合400円、自家製梅酒グラス500円、二階堂（麦）グラス400円、さつま白波（芋）グラス400円
料理　おでん盛り合わせ（お好みで各種選択自由）800円〜、自家製ラッキョウ漬350円、まぐろ納豆600円、もつ煮込み400円、まぐろ刺600〜800円、さば塩焼500円、ぬか漬350円〜、やきそば600円

名居心地

樋川
(ひがわ)

すべてに目配りした
バランスのよさ

東急目黒線大岡山駅を降り、左に東工大キャンパスを見て右の商店街を歩いた先。典型的な私鉄沿線の居酒屋だ。

品書きがすばらしい。刺身各種はもちろん〈魚のもつ煮〉〈太刀魚のハラス塩焼〉〈カツオとオクラの行者にんにく醤油和え〉〈浅利と豚、キャベツの酒蒸し鍋〉〈自家製蕗味噌〉等々創意工夫ある品が、おすすめマーク、すぐ出るマークなどで並び、炊き込みご飯、麺、おにぎりに進む。しっかり説明のある日本酒品書きも万全だ。

絶対のおすすめ〈小アジの唐揚 土佐酢かけ〉は唐揚げアジを注文ごとに二度揚げし白髪葱を添え、土佐酢をかけるとジューと音が上がる。〈白身魚兜の塩焼き〉は魚を二つ使うのがいい。主人と美人奥様は休みに三浦半島へドライブがてら漁協や農家をまわるのが楽しみとか。まことにレベルの高い店でご近所の人がうらやましい。

住所	東京都大田区北千束1-54-10
電話	**03-3718-8760**
営業	17:30～24:00(LO23:00)／土曜17:00～23:00(LO22:00) 日曜・第3月曜・祝日の月曜休(月曜不定・年末年始・夏季休暇あり)
席数	カウンター8席　テーブル2～3席　小上がり11席
交通	大岡山駅より徒歩4分
酒	鳳凰美田140cc700～950円、亀泉140cc650～1700円、雪の茅舎140cc650円～、寫樂140cc650円～、松の寿140cc850円、焼酎7～8種、地ビール(樽生)3～4種
料理	小アジの唐揚、土佐酢かけ650円、白身魚のカマの塩焼盛合せ780円～、魚のもつ煮480円、太刀魚のハラス塩焼550円、カツオとオクラの行者にんにく醤油和え780円

名酒

名料理

東京

金田 (かねだ)

山の手の居酒屋の
おだやかな空気

酒徒にその名を知られた自由が丘の名居酒屋。外国航路のコックだった先代が昭和一一年に開店。燗ひとつに心を込め、酔って乱れる客を嫌い、いつしか「金田酒学校」といわれるようになった。かつての在校生に今は亡き山口瞳、伊丹十三も。

明るい店内はコの字カウンターが二つ。三人以上の客は二階に案内される。肴は幅広く、何を頼んでもて丁寧な洗練された品が届きしかも安く、まさに居酒屋の肴の鑑だ。雰囲気はたいへんなごやかで、酔っぱらいや声高に議論する人はおらず、静かにリラックスして酒を楽しんでいる。

京都の名料亭で修業した三代目の〈ごま豆腐〉は絶品。季節の品はどんどんなくなるので早い注文が肝心だ。東京の居酒屋は気っぷと粋の下町に対し、こちらは山の手らしい落ち着きがある。カウンターに座ると「酒品」を意識せずにいられない。

東京

住所　東京都目黒区自由が丘1-11-4
電話　03-3717-7352
営業　17:00〜22:00（LO21:30）日曜・祝日休
席数　カウンター30席　座敷20席
交通　東急線自由が丘駅より徒歩1分
酒　　白鷹（特選）1合500円、菊正宗（上撰）1合440円・（冷酒）300ml 980円
料理　焼鳥（1品）190円〜、ごま豆腐580円、里芋満月蒸880円、サツマあげ630円、肉ドーフ780円、富山産白えび730円（季節限定）ちりめん山椒煮500円、小あじ南蛮漬500円、らっきょう酢味噌和え480円

名料理

名居心地

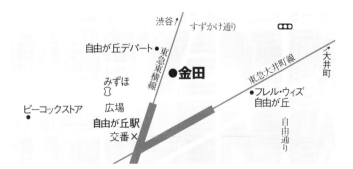

穂のか
究極の銘酒居酒屋

杉玉の下がる木戸脇にのべ四〇種ほどの酒銘柄木札を並べ、全国蔵元地図も。小カウンターの日本酒メニューは「酒類／使用米／精米歩合／日本酒度／酸度／味わい／旨み／余韻／香／火入れ・生／コメント／開封日」と化学データのように詳細だ。酒にうるさい私もここでは黙って〈おすすめセット〉三種を注文、味わって本日のメインを決める。良心的〈刺身盛り合わせ〉は出血サービス。名物は竹べらで炙る〈焼味噌〉だ。定番＝ねぎ・にんにく・鶏、甘め＝胡桃・胡麻、ぴり辛＝青唐辛子・生七味、香り＝柚子・木の芽・山椒、酒のあて＝焼うに・とうべい・酒盗などに「これさえあれば何もいらない」と誰もが言う。きりりとした主人、親切な女性のコンビに迷いはなく「有名酒よりも無名地酒の本物を置く」という確固たる姿勢がいい。武蔵小山に日本酒を味わう究極の店あり。

住所　東京都品川区小山3-5-20
電話　**03-3792-3232**
営業　18:00～24:00（LO23:00）／日曜・祝日～23:00（LO22:00）　月曜・第2日曜休
席数　カウンター7席　テーブル2（各4席）
交通　武蔵小山駅より徒歩3分
酒　　田光・流輝・はなざかり・流霞・開春・わかむすめなど常時60種以上（入荷により内容変更）各90cc500円～・1合950円～、利き酒セット（3種で1合）あり
料理　焼き味噌(31種類)3種500円・5種750円、梅山豚の自家製ベーコン・メンチカツ各時価、いぶりがっこのコロッケ850円、シンプル厚焼玉子750円、まかない納豆850円

名酒

名料理

梁山泊
りょうざんぱく

すばらしい
離島の酒・食文化

東京の離島・八丈島。台風などによる孤立をつねにかかえる離島は、食べ物、飲み物、調味料など食のすべての生産を島内で完結させねばならず、それゆえ島ごとに独自の食文化をもっている。

八丈は焼酎島酒を持ち、太平洋の魚が囲む。小粒の青唐辛子を浸した醤油で食べる刺身は爽快そのものでトビウオなどは最高だ。春の海藻を魚くずと固めた寄せ物〈ブド〉、島オクラを板摺りした〈ネリ〉、八丈名物〈くさや〉は漬汁から出した"新鮮"がすばらしい。アシタバ生ジュースのビール割り〈明日葉ビール〉は〈くさやチーズ〉と合性最高だ。

♪沖で見たときゃ　鬼島と見たが
　来てみりゃ　八丈は情け島

八丈民謡「しょめ節」を耳に飲む島酒はまさに情けの味。交通費をかけて一泊で訪ねる価値のある東京の誇る名居酒屋。

東京

住所　東京都八丈島八丈町三根1672
電話　**04996-2-0631**
営業　17:30〜23:00(LO22:30)　日曜休
席数　カウンター6席　テーブル1　個室3(8席・12席・20席)
　　　小上がり3
交通　八丈島空港よりタクシー5分
酒　　島焼酎グラス550円〜、明日葉ビール650円、パッションハイボール680円
料理　明日葉天ぷら900円〜、地魚刺盛960円、ネリ640円、岩のり1000円、くさや860円、ブド500円、里芋焼き860円、飛魚サツマ揚げ600円、島たくあん540円、島寿司1600円

名料理

名居心地

関東・中部

東京を囲む関東は、店の個性が居酒屋を支える。黒潮洗う東海道は、宿場宿場に居酒屋あり。

庄助▼宇都宮
蔵元▼宇都宮
和浦酒場▼さいたま
舟勝▼御宿
おさかな処 さわ▼勝浦
三番瀬▼船橋
企久太▼鎌倉
おおはま▼鎌倉
小半▼横浜
栄屋酒場▼横浜
銀次▼横須賀
酒肴彩 昇▼藤沢
多可能▼静岡

貴田乃瀬▼浜松
娯座樓▼浜松
千代娘▼豊橋
大甚本店▼名古屋
くさ笛▼甲府
きく蔵▼松本
よしかわ▼松本
あや菜▼松本
車屋松本▼松本
満まる▼松本
樽平▼高山
あんらく亭▼高山
本郷▼高山

あじ平▼高山
虎丸▼伊勢
一月家▼伊勢

東京以外の関東をひとくくりに居酒屋の特徴を言うのは難しい。漁港の続く茨城、千葉は魚が期待できる。内陸の栃木、群馬、埼玉、山梨は居酒屋濃度が薄い所で山菜など山家料理。ミナト横浜はバーやレストランが主流だが古い名店もある。それぞれの店の個性が関東の居酒屋の特徴か。

年中気候温暖な東海は、目の前どこでも黒潮の魚が獲れ、野菜も果物もお茶も鰻も本場。静岡の日本酒は豪華で派手が特徴。居酒屋はどこもおおらかな気分があり、客も飲んで議論などの野暮はせず、毎晩のん気な宴会だ。名古屋の「大甚本店」は大衆居酒屋の最高峰。ここを知らずして居酒屋は語れない。

庄助
しょうすけ

湯気をあげる大皿料理に心なごむ

年季の入ったゆったりした店の落ち着いたたたずまいがいい。カウンター上にいくつも並ぶ大皿料理の、出来たての湯気を上げる〈炒り豆腐〉のうまいこと。地きのこの煮浸しもいい。天井隅に渡した竹竿に藁に包んだ石のようなものがぶら下がるのは、柚子をくりぬき、味噌を詰め、日にちをかけて燻した〈ゆず味噌〉で、薄いスライスは酒の友に絶品だが品書にはない。

「品書に書いとくと、これ頼むとあと何にも注文しないんですよ」「なるほど」「帰るころ黙って出すと、酒もう一本と、こうなるんです」「わははは」

桐箱に入れて立派な包装をすれば大珍味として売れそうだともちかけたが、笑ってとりあわない。居酒屋主人が天職のような二代目主人と気さくな奥さんが温かい。昭和二五年開店という古い店。カウンター下の足乗せは地産大谷石だった。

住所　栃木県宇都宮市塙田2-2-3
電話　028-622-3506
営業　17:00〜23:00　日曜・祝日休
席数　カウンター11席　小上がり10席　テーブル6席　座敷16席（踏込）
交通　JR宇都宮駅より徒歩15分　東武宇都宮駅より徒歩7分
酒　　末廣辛口1合400円、焼酎めいり1合500円、漫遊記(芋焼酎)720ml 2800円
料理　ゆべし(ゆず味噌)400円、季節郷土料理(山菜・きのこ・自家野菜)400円〜、炭焼串焼1本150円、煮物各種400円、もつ煮500円、きのこ鍋(秋・冬季限定、1人前)1800円

関東・中部

蔵元
くらもと

酒粕とギターと
美人奥様と

少し暗い通りに黄色の花とギターを入れ込んだ横長ステンドグラスが明るい。店内はいろんなギターやウクレレ、山の蔓枝、外国からの絵はがきなどがおもちゃ箱のようだ。その中で迎えるまことに福顔のご主人と美人奥様の笑顔がうれしい。

「ボクの発明」とにこにこ自慢顔の、酒粕と日本酒のブレンドに生ビールを注いだ〈粕テルビール〉は苦味がマイルドになりおいしい。酒粕漬けの鶏や豚肉の〈粕テルネギ肉焼〉は柔らかくネギが合う。鮭の頭を野菜と酒粕で煮た栃木名物〈しもつかれ〉や鮮魚ももちろんある。

主人は二十数年前ここを始めるとき「今やらないと一生後悔する」と清水舞台から飛び降りるつもりで当時一五〇万円のギターを買い、腱鞘炎になるほど特訓を重ねた。頼めば作務衣姿のまま弾いてくれる名曲「アルハンブラの思い出」に涙。

関東・中部

住所　栃木県宇都宮市塙田2-5-2　三十屋ビル1階
電話　**028-625-6637**
営業　11:30～14:00　18:00～1:00　不定休
席数　カウンター6席　テーブル8席　ふんごみ(コタツ)8席　小上がり12席
交通　JR宇都宮駅より徒歩10分　東武宇都宮駅より徒歩8分
酒　　澤姫特別純米1合600円、辻善兵衛純米生酛夢錦1合650円、惣誉特別純米1合600円、四季桜純米1合600円、鳳凰美田生1合600円、姿特別純米1合700円、赤・黒霧島
料理　大根・蕪からし漬450円、ピカイチもつ煮450円、豚ロースづけ焼・づけ揚各800円、豚ヒレ立田揚1000円、フックフカキノライ800円、まぐろ丼1000円、晩酌セット(飲み物2杯つまみ付)1000円

和浦酒場（わうらさかば）

酒は純米、燗ならなお良し

浦和の素敵な飲み屋小路「ナカギンザセブン」を抜けたビル二階に「和浦酒場」。〈和浦自慢の刺盛〉や春の〈鯛白子ぽん酢〉〈生しらす〉など店主の肴に加え、若い燗番娘が二人。地元の名酒「神亀」各種など個性ゆえに難しい酒を慎重に「立ち香」をみて手で温める。酒を知り尽くしている店で飲むお燗ほど安心なものはない。盃は当店常連・尾瀬あきらさん描く美女と「恋は勘 酒も燗」の名文句が入る。

カウンターの付け台に仕込んだ格子の照らす手元明かりがいい。以前のガード下店もその狭さを楽しむように作っていたがこちらの居心地も抜群だ。二人の燗番娘はそれぞれ奈良と三重の酒蔵に自らの仕込みを学びに行き、そこで作った酒に自らの名を重ねた一升瓶のはち切れるような尾瀬さんの似顔絵がいい。「酒は純米 燗ならなお良し」の名文句がそのまま生きる名酒場。

名酒

住所	埼玉県さいたま市浦和区高砂2-7-7　セブンビル2階
電話	048-824-0701
営業	17:00～24:00　年末年始休
席数	カウンター9席　テーブル6（2席×3、4席×3）
交通	浦和駅より徒歩3分
酒	純米各種グラス500円～・170ml 780円～、生もとのどぶグラス550円・170ml 880円、英170ml 980円、秋鹿山廃170ml 880円
料理	〆鯖880円、ポテサラ450円、百合根丸揚げ880円、ノドグロ一夜干し1680円、松阪牛50g 1600円・100g 3000円、本日のカレー880円、大人の唐揚げ1個 150円

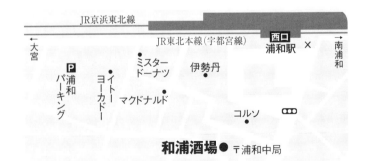

舟勝
（ふなかつ）

本物の漁師料理の神髄を味わえる

御宿の海から離れた山の上の住宅地にぽつりと、普通の一軒家の構えで最高の漁師料理を出す店がある。

魚を大葉、葱、味噌と叩く千葉の代表的漁師料理なめろうは、鰺よりもトビウオ、さらにイサキがベスト。これを氷と酢に漬けた〈酢なめろう〉は、外が白く、箸で切った中は赤く、食べ進むと汗が吹き、食欲のない夏子で額にじわりと叩き込んだ青唐辛に最高だ。何年も研究を重ねたという〈いか沖漬〉はこれさえあれば何もいらない。

漁師料理の基本は味噌（醤油は船の上でこぼれる）、味は明快。観光料理ではない本物の漁師料理に、荒っぽいままでは食べさ工夫を凝らし、刺身よりうまく魚を食べさせる。そういう旨いものがここには「いーっぱい」ある！ 酒も各地の知られざる名酒がずらり。東京からわざわざ行く常連が引きも切らぬのは当然だ。

住所　千葉県夷隅郡御宿町六軒町157-31
電話　**0470-68-5966**
営業　17:30～23:30　火曜休
席数　20席
交通　御宿駅より徒歩20分　※予約の方送迎あり
酒　　神亀1合700円、神亀（にごり）1合1000円、十四代 愛山1合1500円、十四代 本丸1合600円、南1合700円、鬼かさごひれ酒700円
料理　あじの酢なめろう800円、あじなめろう800円、さんが焼800円、自家製いか沖漬800円、地魚中心のおまかせ料理（食事付）1人前4000円～、潮がよければ主人の釣った魚（鬼かさごが人気）

名料理

おさかな処 さわ

千葉の魚で
一杯なら、ここだ

子供連れ家族で食事もできる大きな店ながら、小さなカウンター席で一杯やれる。

房総を代表する漁師料理〈なめろう〉は東京でも普通になったがほとんどは青魚の鯵だ。鯵もいいが、さわらやひらめのなめろうは段違いに良い。叩き加減が大切で、浅いと叩きと変わらず、過ぎるとべたべたする。味付けの味噌は最小限にして勝負は叩き混む薬味だ。それをあわびの貝殻で焼くのが〈さんが焼〉で、大葉を一枚のせるのがお約束。当店のなめろうはその日の魚で変わり、本物を納得させる。

目の前で包丁を握る若い板前は、言葉少ないがさっぱりとした地元の好漢。もちろんカツオをはじめ刺身は充実、水槽には大きな伊勢エビもいる。

勝浦に来たら〈勝浦タンタンメン〉が欠かせない。「御食事処いしい」は朝市に合わせ朝七時からやっている。味は絶佳。

関東・中部

住所　千葉県勝浦市出水1262
電話　**0470-73-7171**
営業　11:30～14:00　17:00～22:00　不定休
席数　カウンター15席　小上がり6席
交通　勝浦駅より徒歩7分
酒　　生ビール550円、腰古井1合450円、サワー500円
料理　なめろう800円、さんが焼800円、刺身各種800円～、煮魚1000円～、焼魚1000円～、刺身定食1600円、天ぷら定食1600円、ミックス丼(海鮮丼・ランチ)1800円

三番瀬(さんばんぜ)

江戸前の魚の
すばらしさに仰天

江戸前とは東京湾。東京湾は魚の宝庫と言われたが今はどうか。この店がそれに答える。「冷凍技術や流通が発達しすぎて、鮮魚がなくなった。鮮魚とは前の浜で捕れた魚をできるだけ早く食べること」と主人は強調し、東京湾は完全に回復したと断言する。証拠が船橋漁港に揚がる魚だ。

「鮮魚は皆きれいですよ」と主人の言う通り、いただいた鯖、スズキ、鰺、なよし(ぼら)刺身に共通するのは見るも鮮やかな色、濁りの全くない清々しく鮮明な旨味だ。上には上がある。ナントカの鮪、カントカの鯖というけれど「前浜」の魚に勝るものなしと深く深く納得した。さらにアサリたっぷりの味噌汁、その炊き込みご飯のうまさに我を忘れた。この店はすごい！

船橋漁港に魚の揚がらない日は休業。酒も良品あり。小さな店なので、決してどや行かぬこと。

名料理

住所　千葉県船橋市
電話　お店の都合により掲載しません
営業　お店の都合により掲載しません
席数　カウンター4席　テーブル2（4席）　※2階は要予約
交通　船橋駅より徒歩3分
酒　　稲花・綿屋・まんさくの花・神亀各1000円、竹鶴・奥播磨・日置桜・而今各800円
料理　なよし（ぼら）刺700円、あじ刺600円、真子がれい刺1000円ほか当日、船橋港で水揚げされた魚の刺身、さつまいもレモン煮500円、かぶと煮1200円、さばみそ煮700円、石持塩焼900円、いわし塩焼800円、あら汁500円

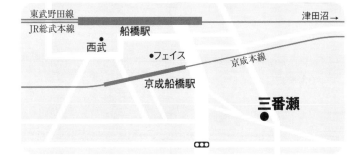

企久太
(きくた)

職人主人
気さくな奥さん

人気の小町通りのすぐ隣。外階段を上がった二階、カウンターと広い畳小上がりに大木輪切りの座卓が四つ。

横須賀沖漁場の〈生しらす〉は地元の名にかけてもぴちぴち新鮮。胆醤油でいただくカワハギ、マコガレイなど時季の刺身はみな清潔な旨味がのっている。さらに例えば〈青唐入り鰹味鰹叩き〉〈アジ薬味和え〉など仕事をした品は酒がすすむ。藤沢の名店「久昇」の優等生だった主人はその料理をしっかり継ぎ、瞬間的に手もみで和える〈ぬか漬と茗荷おかか和え〉はすばらしい。開店時からある〈嶺岡豆腐〉は白胡麻と牛乳を何時間も練り上げた逸品。今や高級な〈たたみいわし〉も左党は涙もの。

酒は神奈川の地酒を軸に手堅い品ぞろえ。職人肌の主人を明るく気さくな奥様が助ける上品な居心地。鎌倉にこういう店が欲しいという願いにぴたりの店。

関東・中部

住所　神奈川県鎌倉市小町2-9-14　植山ビル2階
電話　0467-24-5432
営業　17:00〜23:00（LO22:00）　水曜休（月1回連休あり）
席数　カウンター6席　小上がり12席
交通　鎌倉駅より徒歩5分
酒　　生ビール小510円・中610円、日本酒10種類ほど(随時入れ替え)1合780円〜
料理　嶺岡豆腐660円、たたみいわし690円ほか20種類ほど
※仕入れにより毎日メニューが変わります。

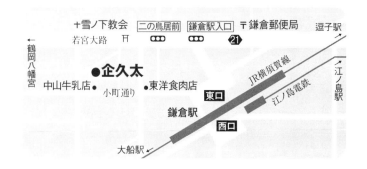

おおはま

鎌倉に澄んだ名店あり

駅から若宮大路を由比ガ浜方向に歩いて七分ほど。しもた屋風の明るい格子ガラス戸を開けるとまっすぐなカウンター。品書き本日は〈〆鯖の燻製〉〈天然ぶりのユッケ風〉〈素干し桜海老入りにらのちぢみ〉など、読んでゆけば想像のつく品が約一〇〇品！ 一番人気〈本日の野菜小鉢〉から名品〈セロリの塩昆布和え〉などを悩ましく選ぶうれしさよ。これほど品書き読みがわくわくする居酒屋はない。日本酒も全国最優秀銘柄・約三〇種が一合、半合、常温、お燗と自由自在だ。

女性店主の大濱さんは大学で食品化学をおさめて公務員になったが、料理人の夢捨て難くエコール辻東京に入り、都内名店で現場修業を経て自分の店を持った。片時も包丁を放さない真摯な眼がこれほど澄んでいる人を知らない。いま私が最も心酔している鎌倉の名居酒屋。

関東・中部

住所　神奈川県鎌倉市御成町4-15　みゆきビル101
電話　**0467-38-5221**
営業　平日17:00〜／土曜・祝日15:00〜23:00（LO22:00）　日曜・月曜休
席数　カウンター11席　テーブル1席（4人がけ）
交通　鎌倉駅より徒歩7分
酒　　日高見1合750円、大信州1合850円、雪の茅舎1合850円、開運1合950円、初孫1合950円、満寿泉1合950円、久礼1合950円等
料理　本日の野菜小鉢（セロリの塩昆布和えなど20品程度）単品300円・三品盛り（選択）600円、本日のお刺身（6切れ）850円〜（お好み1切れから可）、天然ぶりのユッケ風900円、鶏肉の塩唐揚げ700円

名酒

名料理

名居心地

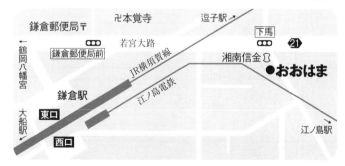

小半 (こなから)

魚に実力の野毛の居酒屋

三浦半島は浦賀水道絶好の漁場として知られ久里浜蛸、松輪鯖、小柴シャコは名高い。横浜はこの新鮮な魚をいち早く食べられる町でもある。野毛の「小半」はさりげない居酒屋ながらその実力派。

まぐろと鯨は特に力を入れるが、イチ押し〈しこいわし〉は小イワシを指でさっと捌いて薄く醬油たれをまわしたもので、ぴちぴちフレッシュは足がはやく（傷みが早く）東京では食べられない。セクシーな旨味の〈きす刺身〉。春先に瞬間的に出るヒモまで甘い〈アオヤギ刺身〉。

ぷっくり焼はフグ白子以上の絶品だった〈鯛白子〉の谷中生姜・もろきゅう・エシャレットが役立つ。〈いわし団子〉〈セロリ浅漬〉は早くなくなる人気品だ。無口な主人は好漢、奥様は愛想のよい美人。ここの実力を知るハマの遊び人親父が早くからやって来て盛況だ。

住所	神奈川県横浜市中区花咲町1-30
電話	045-231-9137
営業	17:00～22:00（LO21:30）　土曜・日曜・祝日休（年末年始・夏季休暇あり）
席数	カウンター6席　テーブル20席　座敷30席
交通	桜木町駅より徒歩3分
酒	初孫2合750円・ぐい呑550円、景虎ワンカップ650円、八海山ワンカップ650円、菊水ふなぐちワンカップ600円、生ビール(中)550円
料理	しこさし500円、本まぐろ盛合せ950円、くじらさし900円、くじらフライ750円、あぶり〆サバ700円、いわし団子スープ400円、生白子ポン酢(冬季)700円、かきす(冬季)650円

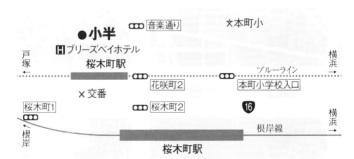

栄屋酒場(さかえやさかば)

郷愁に満ちた ハマの酒場

日ノ出町、長者橋たもとの「栄屋酒場」は創業昭和二三年。白衣に五本指ソックス下駄履き、ハマッ子らしい気さくな主人の小さな居酒屋は、堅いサラリーマンも含めて熱心なファンがついている。

刺身はすべて厚切り大盛り。立派な平貝は小柱、ぬるぬるした貝ベラもついてるのが今開けた証拠だ。時季の〈青柳・鳥貝・シャコ三点盛り〉は徳用で、常連はシャコの殻を自分で鋏で切りたがる。おすすめ〈活穴子・めごちの天ぷら〉は量も天つゆもたっぷり。その辺の天ぷら屋に「見習え!」と言いたくなる。地酒も力を入れ「地酒巡り」ビラは千回をとうに超えた。

机には古い箱マッチ、床に石油ストーブ、壁には鉄腕稲尾投手の色紙、天井に首振り扇風機がしがみつくすすけた店内は、郷愁に満ちて古き良き時代によびもどす。おいらはこの店が大好きだ!

関東・中部

住所　神奈川県横浜市中区長者町9-175
電話　**045-251-3993**
営業　17:00〜23:00　日曜・月曜・火曜・祝日休(年末年始・5月連休・8月夏季休暇あり)
席数　テーブル20席
交通　日ノ出町駅より徒歩3分
酒　東龍龍田屋純米1合570円、明石鯛2級(佳撰)1合360円、瓶ビール(大)640円・(小)420円、鍛高譚ボトル2300円、宝山ボトル2700円、いいちこボトル2500円
料理　穴子天ぷら630円、くじら刺800円、寒ぶり刺800円、いかバタ焼750円、殻付カキ(3個)750円、カキス600円、シャコ700円、きぬかつぎ350円、ポテトサラダ400円

銀次 (ぎんじ)

時の止まった居酒屋の至福の時間

日本の古い居酒屋の発掘をライフワークとする私が、まだまだそういう酒場はあると感動深くしたのがここだ。

横須賀のある裏通り。ゆったりした古い木造店内は厨房広く、カウンターには客の尻でピカピカに磨かれた木の丸椅子が並ぶ。卓席も居心地よく、奥には座敷もあるようだ。白布をかぶる女性の静かなサービスに心休まり、それらの生み出す、店内の落ち着いて充実した空気が至福の時間をつくる。

釜に煮える煮込みは一食の価値あり。鍋に温まる湯豆腐は一丁のまま辛子をべったり塗り、そのつどカツオ節削り器で掻いた削り節と葱を山のようにかけて出し、醬油をタラーリとまわすとたまらない。イワシの素裂きも新鮮そのものだ。

開店半世紀。まだ明るいうちに一人また一人と来る客は、皆黙ってここに座るのを楽しんでいる。うらやましい！

関東・中部

住所　神奈川県横須賀市若松町1-12
電話　**046-825-9111**
営業　16:00〜23:30　土曜・日曜・祝日休（第4土曜は営業）
席数　25〜30席
交通　京浜急行本線横須賀中央駅より徒歩5分
酒　　招徳1合400円、招徳(生)850円、玉露わり450円、ホッピー500円、ウーロンハイ450円、レモンハイ450円
料理　しこ450円、串かつ400円、湯豆腐350円、煮込300円、いわしさし400円、あじフライ400円、モツ揚300円、大根の煮付（冬季限定）350円

名料理

名居心地

日本居酒屋遺産

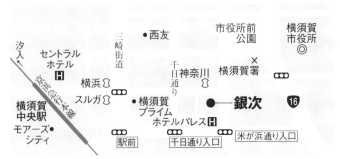

酒肴彩 昇
しゅこうさい しょう

豊富な肴で
ゆっくり一杯

ご主人は藤沢の名居酒屋「久昇」別店の板場を二〇年近くつとめてここを開店した。貼り巡らせた品の多さも、つねに心がける新作メニューも久昇ゆずりだ。

きれいな味の〈〆鯖〉はおろしたて山葵が皿からツンツンに香り、山葵を大切にする親方のしつけを感じる。すぐ出る〈おから〉は便利な一品。〈秋の実のり〉から選んだ〈菱の実〉の大きな塩茹でを断ち割って、ごま塩で食べる素朴な山の味も忘れらない。男前の主人は照れ屋で、話しかけても苦笑しながら料理の手を休めない。手伝う女たちは明るく雰囲気を和らげている。

さほど広くない二階の店は女性客も多くゆったりとくつろぐ。神奈川の地酒をふくむ品揃えが酒飲みにはありがたく、カウンターで一杯と名料理を楽しめる。

活気の「久昇」、じっくり楽しめる「昇」。藤沢の人がうらやましい。

住所　神奈川県藤沢市鵠沼石上1-3-10　添田土地藤沢ビル2・3階
電話　**0466-22-7707**
営業　火〜土曜17:00〜23:00（LO22:00）／日曜〜22:00（LO21:00）
　　　月曜休（年末年始休暇あり）
席数　2階／カウンター7席　テーブル12席　3階／テーブル24席
交通　藤沢駅より徒歩3分
酒　　秀峰丹沢山1合650円、福正宗純米1合530円、生酛のどぶ1合900円、伯楽星純米吟醸1合800円、その他4〜6年熟成酒1合1000円〜
料理　海老いっぱいおから380円、もろこし豆腐600円、にしきぎ750円、鯵の骨せんべい500円、牛筋旨煮（醤油味・塩味）700円、蓮根ピザ700円

名料理

関東・中部

多可能
(たかの)

創業大正12年
活気あふれる大衆酒場

静岡駅近くの通りの、ひと目で入ってみたくなる板壁の店が、大正一二年創業の静岡の名物居酒屋だ。カウンター、卓席、奥の入れ込み大座敷が一体となった、飴色に艶をたたえた店内がすばらしい。

ずらりと並ぶ品書黒札、三二穴もの銅の燗付器が往時の盛業を物語る。いや今宵も満員だ。座敷の床の間に大切に飾られる創業時の扁額「大衆酒場」は、初代はこの言葉を大切にしていたと三代目主人が語る。

一緒に立つ若い山賊髭は四代目。

伊東深水の筆になる澤之鶴美人画ポスターが色っぽい。駅にあるような大時計は「あまり遅くなるなよ」という親心か。居酒屋の最大の財産は客と主人が作り出した、よく酒のしみた店の歴史ということがよくわかる。常連だったアメリカ人大学教授が『Newsweek』誌に「Japanese old public bar」と紹介したそうだが、正解。

関東・中部

名居心地

住所	静岡県静岡市葵区紺屋町5-4
電話	054-251-0131
営業	16:30〜23:00（LO22:30）　日曜・祝日休
席数	カウンター8席　テーブル8席　座敷40席
交通	静岡駅より徒歩5分
酒	キリンハートランド(生)480円、アサヒスーパードライ(生)480円、萩錦(地酒)1合350円、萩錦(純米吟醸)300ml 950円
料理	かつお刺800円、まぐろはらも刺時価、生しらす650円(時季物)、生桜えび650円(時季物)、山芋千切り480円、黒はんぺん焼380円、黒はんぺんフライ380円、桜えびかき揚750円、いか丸焼800円、とろろ磯辺揚500円

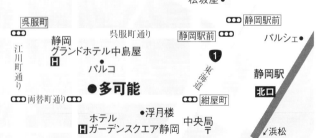

貴田乃瀬
きたのせ

酒と料理の鉄人
ここにあり

市の中心部から少し離れた一軒家がまれにみる名酒名料理を出す。小上がりとテーブル席、奥が小さなカウンター。中に立つ主人は頑固な風貌だが、とんぼ眼鏡のおかみさんがやさしくサポートしてくれる。

主人は和食ベースの創作料理に技巧を尽くし、その料理と数ある日本酒との相性を楽しむのが狙い。シニアソムリエのおかみさんはワイン担当。品書きから料理を選ぶと日本酒・ワインを奨めてくれる。例えば〈黒豚の黒胡麻煮〉の超まったりのコクに志太泉特別本醸造原酒、〈牛タンの柔らか煮ゴルゴンゾーラソース〉には、玉川の山廃純米無濾過生原酒、それをワインでも。

おすすめは主人が特にこだわっている〈しめさば〉。ワイン向けの料理にも力を入れ、日本酒・ワインと創作料理の至福のマリアージュを楽しめる。

料理の鉄人ここにあり！

住所　静岡県浜松市中区田町231-1
電話　053-455-2832
営業　18:00〜23:00　日曜・祝日（金曜・土曜を除く）休
席数　カウンター7席　テーブル2（5席×2）個室2（5席×2）
交通　浜松駅より徒歩10分　遠州鉄道遠州病院前駅より徒歩3分
酒　　サントリーマスターズドリーム800円、開運（純米）800円、小夜衣（純米吟醸）800円、志太泉特別本醸造800円、英君（純米吟醸）800円、葵天下（大吟醸）800円
料理　かつおの野菜盛り2000円、〆さば2000円、きんきのあら煮5000円、フォワグラの焼鳥風3000円、黒豚の黒ごま煮800円、牛舌のやわらか煮ゴルゴンゾーラソース2000円、冷たい野菜の焚き合わせ800円、浜名湖あさり粥蒸バジルソース1000円

名酒

名料理

娯座樓(ござろう)

大きなカウンターで静岡の魚を

浜松の肴町かいわいは、石畳にしゃれた店がならぶすてきな繁華街だ。「娯座樓」は座敷中心の大きな店だが、長いカウンターでやる一杯がいい。

置かれたブック「浜松パワーフード」は、舞阪港の鮮魚を筆頭に、将軍牡蠣、将軍あさり、どうまん蟹、すっぽん徳丸、遠州牛、銘柄豚浜名湖そだち、磐田美味鶏など、天下統一の大業を果たした家康が、働き盛りの一八年を浜松を居城にしたのは、豊かな産物の支えがあったからと書く。その刺身に添える、客が自分で摺りおろす山葵一本は意地にかけてもの一級品で、殿様型の豪華な味の静岡酒をひきたてる。

若い板前は腕がよく「静岡はうまいものだらけ、時季の天竜川鮎なんかいいすよ」と自慢する。私の居酒屋本の決まり文句「静岡は海山の幸に恵まれ、酒もよく、気候温暖で毎晩宴会」を地でゆける店。

関東・中部

住所 静岡県浜松市中区肴町317-15
電話 053-456-7028
営業 18:00〜24:00(LO23:00)　日曜休
席数 カウンター10席　テーブル50席　個室6(各6席)
交通 浜松駅より徒歩12分・タクシー5分
酒　 家康伝1合720円、赤鬼1合750円、次郎法師直虎(梅酒)グラス650円、三ヶ日みかんフリージングハイボールグラス720円、三方ヶ原合戦(じゃがいも焼酎)グラス600円
料理 旬のお刺身盛り合わせ(2〜3人前)2900円、浜名湖すっぽん[徳丸]茶碗蒸し800円、天竜川沖とろ金目鯛煮付け1800円〜、朝採れ地元野菜せいろ蒸し890円、浜名湖幻の蟹どうまん蟹5000円〜

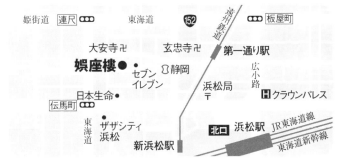

千代娘
（ちよむすめ）

関東関西
味の分岐点

駅から少し歩いた松葉町は、かつては三味線の音が響き、検番もあった花街。創業五〇年を超えた老舗「千代娘」は最近上品な和風に新築したが、カウンターに並ぶ大皿おばんざいいろいろは変わらない。

白衣白帽の主人は京都で料理を修業、経木品書の、造りなど一品料理はもちろん〈筑前煮〉〈八幡巻〉〈いわし煮〉あたりでも充分腕を味わえ、一番人気は洋辛子で食べる〈たこ煮〉だ。

豊橋は関東関西の分岐点で、それが面白いそうだ。伊良湖岬に揚がる稚鮎の釜揚げや、三河湾あさりの串干しなどは珍味。酒は地酒がそろう。

実直な主人を手伝うとんぼ眼鏡の娘さんの、働く親子の雰囲気がいい。私は通って二〇年。新幹線で豊橋を通るたびに途中下車して入ろうかなあと迷う大好きな店。カウンター端にかざる季節の花のちぎり絵は、主人のお母さんが作っていたもの。

住所　愛知県豊橋市松葉町3-83
電話　**0532-54-7135**
営業　17:00～23:00　日曜休
席数　カウンター5席　小上がり2（2席・4席）　個室1（8席）
交通　豊橋駅より徒歩10分
酒　　ビール（生）600円、ビール（瓶）600円、千代娘（日本酒）500円、蓬莱泉（別撰）500円、四海王・福600円
料理　伊良湖直送お造り時価、たこ煮600円出し巻700円等おばんざい各種300～800円、すっぽん・ふぐコース（要予約）、宴会4000円～

名刺裏

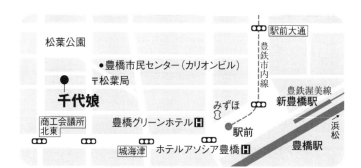

大甚本店
だいじんほんてん

創業明治40年
日本の居酒屋の最高峰

関東・中部

暖簾が上ると、どんどん常連が入りいつもの席に座りじっと待つ。柱時計が四回鳴ると開店だ。古く広い店には、大机いくつかと壁際に腰掛。中央の大机には様々な肴の皿小鉢が山のように並び、客は自分で好みをとる。なくなるとすぐ追加される。かたや包丁を手に板さんが待機し、ガラスケースの魚を指さすと即座に刺身に切り、また煮魚・焼魚にする。料理はすべて非常に良心的で、何をとってもたいへんおいしい。

白木に青竹タガもきりりとした四斗樽でんと座る燗付場は、背高細身の白徳利がずらりと並び、大釜に湯が沸く。特製賀茂鶴の燗酒は感動的にうまい。

それらの生みだす充実した居酒屋空間はまことにすばらしく、喧騒よりは、みなぎる満足感でむしろ静かに感じるくらいだ。

創業明治四〇年。日本大衆居酒屋の最高峰。ここを知らずして居酒屋を語るなかれ。

住所　愛知県名古屋市中区栄1-5-6
電話　**052-231-1909**
営業　16:00〜21:30（LO21:00）　日曜・祝日休
席数　150席
交通　地下鉄東山線・鶴舞線伏見駅7番出口すぐ前
酒　　賀茂鶴（樽詰・特等酒）1合440円・大徳利（1合8勺）690円、
　　　菊正宗（瓶詰・特等酒）1合440円・大徳利（1合8勺）690円
料理　三河産白身魚の刺身1300円、きはだまぐろ（生）750円・
　　　（煮魚・焼魚）各1200〜1300円、鶏の旨煮220円、いわし
　　　煮付260円、えびときゅうりの酢もみ220円、里芋の煮付
　　　（イモコロ）220円、いいだこ煮付260円、あなごの煮付320円、
　　　酢だこ420円

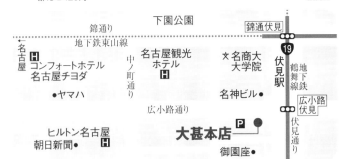

くさ笛

旅先の赤提灯に草笛ひびき

甲府の小さな飲み屋小路の奥の奥。縄暖簾に赤提灯、小路に沿う長いカウンターだけの、簡単に出入りできる気楽な一杯飲み屋だ。あっさり味噌味のモツ煮の葱は自分の畑、山菜はすべて裏の山から採ってきたものだそうで、その場で作る〈蕗味噌〉がうまい。「おいしいわよ」と言う秋のきのこ料理もぜひ食べたい。

年中着物というおかみさんの白い割烹着がまぶしい。「その割烹着に男は弱いんじゃない」「そう、だいぶだましたわよ。もうみんないないけど」と手は休めず、私の茶々への気の利いた受け答えになんとも気が休まる。旅の酒場は格式高いその町の一流店よりも、こんな酒場に旅情が深まる。

開店は昭和三九年と古い。店名の由来を尋ねると、若いころ島崎藤村の詩が好きで、『千曲川旅情の歌』からとったという。いいことを聞いた。

住所　山梨県甲府市中央1-20-23　オリンピック通り
電話　055-232-3948
営業　17:00〜24:00　土曜・日曜・祝日休
席数　カウンター15席
交通　甲府駅より徒歩10分
酒　　生ビール(中)500円、ビール(瓶)700円、春鶯囀・大冠・七賢・谷桜など地酒正1合600円、久保田・〆張鶴・越乃寒梅・八海山など各1合700円　※全てお通し付
料理　春の山菜(わらび・ぜんまい・たらの芽・うど・他)500〜600円、秋のきのこ料理500〜600円、手造りコロッケ600円、もつ煮600円、串かつ600円、煮魚600円、雑炊700円、雑煮700円、夏季おざら(ひやむぎ)700円、冬季ほうとう800円

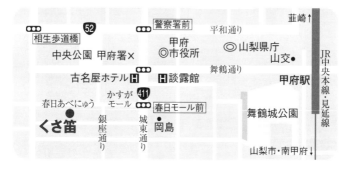

きく蔵

民芸の町の白壁蔵造り

商売下手な信州人気質ゆえ良い居酒屋のなかった松本は、ここ数年ですっかり様変わりして酒を飲みに行ける町に変わった。駅から離れた古い通りの「きく蔵」の、白壁に三階菱の紋を浮き彫りした外観は民芸の町にふさわしい。保冷流通の発達で信州にも、おもに日本海から鮮魚が届くが、やはり山国、春の山菜、秋の地きのこはすばらしい。時季のわさび菜新茎のお浸し〈花わさび〉の辛み風味は地酒にぴったりだ。信州は昔から馬刺しを食べ、赤身のあっさりした味は格別だ。

白い顎鬚の主人は料理好きで〈筍まんじゅう〉〈冬瓜のえび包み〉など凝ったものも。一方、絵を描き、海外にスケッチした作品はなかなかのもの。ねだると恥ずかしそうに写真を見せてくれる。にこにこと笑みの絶えないお母さん、好漢息子、美人のお嫁さんと居心地申し分なし。

住所	長野県松本市大手4-7-10
電話	**0263-36-3728**
営業	17:30〜22:00　日曜休
席数	カウンター13席　小上がり2（4席×2）　個室3（18席）
交通	松本駅より徒歩15分
酒	大雪渓（生）900円・（吟醸）1200円・（純米吟醸・檜）800円、甕覗1200円
料理	自家製さつま揚850円、自家製あゆ一夜干900円、特上馬刺1200円、冷し生ゆば800円、天然岩がき1500円、ながもの酢400円、冬瓜のえび包み800円、季節のお造り各種800円〜、冬瓜水晶煮1000円（二人前〜）、季節限定・自家製たけのこまんじゅう800円

名居心地

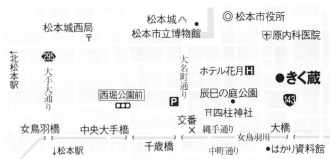

よしかわ

松本にできた
本格カウンター割烹

なまこの白壁蔵が続く美しい通り・中町の「よしかわ」は、松本に初めてできた本格カウンター割烹で、待望していた人士たちまち評判を呼んだ。松本隣、岡谷出身の主人は東京の料亭で修業を終えて松本に開店。すっきりした小体な洗練がいい。余計なものを置かないカウンター先の大俎板で「見える」仕事をする、たとえば季節の〈造里盛り〉は、松本でこういうものが味わえると地元出身の私は感慨ふかい。嶺岡豆腐、穴子肝煮、柿の白和え、栗渋皮煮、渡り蟹と百合根の糝薯揚げ、菊花蕪鶏射込みなど料理は千変万化。季節の小鍋〈わらび鍋〉はおすすめだ。その料理に「水のうまい」信州地酒がとても合う。

使う皿や酒器がまたよろしく、買いに行く飛騨高山の骨董屋が私もよく行く店で、互いに笑いあったことがあった。お酒担当、松本出身の美人奥様がまた素敵。

住所　長野県松本市中央3-5-2
電話　**0263-33-6070**
営業　17:00～23:00（LO22:00）　月曜・第3日曜休
席数　カウンター7席　小上がり6席
交通　松本駅より徒歩15分・タクシー5分
酒　　生ビールグラス550円、水尾辛口1合600円、菊姫菊1合700円、出羽桜桜花1合900円
料理　造り850円～、嶺岡豆腐700円、八寸盛り1450円、厚焼き玉子650円、蓮根万頭830円、穴子茶漬800円、要予約小会席4500円／会席6500円～

名料理

あや菜(な)

母の手料理と娘のジビエで人気

関東・中部

「よしかわ」筋向かいの「あや菜」は母と娘の店。素人で続いていた店に、東京で料理修業、フグ・スッポンの調理士免許もとって入った娘は大いに張り切ったが、東京とちがい松本は連日予約が入るわけではなく「しばらくさっていた」(母談)。しかし母のつくる素朴な〈塩いか〉をよろこぶ客を見て、しだいに母の手料理に学ぶようになった。そうして工夫した〈エシャレット味噌もみ〉などで客が増えてくると、鹿肉たたき(絶品)、きのこ山菜コース、若い人向けの餃子&コロッケ、フグ・スッポンも注文が出るようになり、松本名物〈鶏の山賊焼〉はピリ辛ソース野菜豊富に仕上げて松本一といわれるようになった。

「素人で始めた母に学んだ、郷土の好みや素材を尊重して、習い憶えた腕をふるう料理」は全開。理屈ぽいが納得すれば守る信州人気質が表れたのだろう。

住所　長野県松本市中央3-2-17-1階
電話　**0263-35-5616**
営業　17:30〜24:00（LO23:30）　月曜休
席数　カウンター10席　テーブル4席　個室1（8席）
交通　松本駅より徒歩12分・タクシー8分
酒　　中甲2016年純米1合680円、真澄辛口ゴールド1合540円、大雪渓1合540円、女鳥羽の泉山廃仕込1合680円
料理　信州ジビエ鹿肉のタタキ1300円〜、塩イカ胡瓜530円、自家製ギョーザ700円、山賊焼き1300円、鶏もつすつき780円、きのこ・山菜料理（季節限定）600円〜

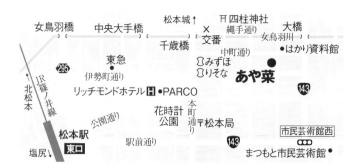

車 (くるま)

松本にぴたりの瀟洒な居酒屋

白壁蔵の町、中町のナマコ壁沿いの極狭路地を奥にたどると置行灯が灯をともす、まことに魅力的なアプローチ。玄関で履物を脱いで二階へ上がる素足が気持ちよい（声をかけなくても上にピンポンと伝わります）。透かし彫り胡蝶の欄間、階段箪笥、軸、大皿、三線を飾った床の間など古民家改装の店内はまことにセンス良く、二階からの外の眺めも開放感がある。

始めに出る中皿のお通し六品いろいろが便利。〈自家製スモーク盛り〉は酒の友。主人は三〇年のベテランで後半一〇年は沖縄料理。その〈豚肉とろとろ煮込み〉は角煮・煮玉子・野菜など美味に量もある。

カウンターから見る広い厨房はいかにも仕事がし易そうで、五四歳からの集大成に開店した充実がみえる。古い茶箪笥に置いた骨董酒器が味わい深い。魅力の町・松本にいかにも似合う店が生まれた。

関東・中部

住所	長野県松本市中央3-2-13-2階
電話	**0263-88-9010**
営業	17:00～24:00（LO23:30）木曜休
席数	カウンター5席　テーブル10席
交通	松本駅より徒歩10分・タクシー5分
酒	大信州特別純米1合600円、御湖鶴純米1合600円、美寿々純米吟醸1合600円、マルスウイスキー岩井グラス750円、四賀ワイナリーメルローボトル3800円
料理	馬刺1200円、信州産とろとろ角煮1000円・ローストポーク800円～、旬の野菜の素焼チーズがけ900円

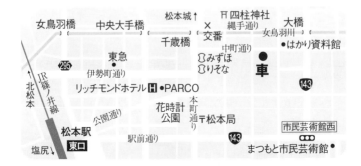

満まる

本格料理と信州地酒

きく蔵にやや近い細小路の小さな玄関。広い栃の白木カウンターは何も置かれず清潔感いっぱい。背のある椅子はまことに座りよく、さあゆっくりやるぞの気分が高まる。通年品書きの他、経木に墨書の季節の品は、流通による鮮魚と山国の品が豊かにそろう。〈松茸と菊花と筋子のお浸し〉は色鮮やか。〈のど黒刺〉は厚切り。〈鰹たたき〉は葱で食べるのが信州流だ。

下駄音を鳴らす、ネクタイに白衣、料理人正装の主人はきく蔵で五年修業。よく京都を訪ね、厚い檜の俎板に包丁は有次、鮫のおろしがねは長次郎と、ここにも本格料理と信州が重なる。松本周辺の地酒がよくそろい、お奨めを聞いて味を比べ、自分の好みを知るのが得策だ。本格料理と信州らしさと品の良さ。数人旅ならばカウンター後ろの三つに仕切られた上がり座敷でゆっくりやれば最高の夜となるだろう。

住所	長野県松本市大手4-11-15
電話	**0263-36-0802**
営業	18:00～23:00（LO22:00） 日曜・第3月曜休
席数	カウンター7席　個室1（8席）　小上がり10席
交通	松本駅より徒歩15分・タクシー5分
酒	御湖鶴1合750円、美寿々1合650円、亀齢1合750円、夜明け前1合750円、豊香1合750円、九郎右衛門1合750円　※日本酒30種類常備
料理	刺身盛り合わせ1600円～、信州プレミアム牛レアカツ1600円、海老しんじょう750円、鯛酒蒸し850円、蟹クリームコロッケ800円、松茸お浸し(秋)800円、焼き河豚(冬)2500円、季節の炊き込み御飯1000円～

樽平
たるへい

山国の静かな居酒屋の一杯

山深い飛騨高山に開店五二年の名居酒屋あり。店は木の国らしくがっちりした木組みの屋敷で、丸竹の壁は飴色、葦簀の天井も五〇年の艶が光る。厚いカウンター席の後ろの小上がりは酒仕込みに使う大樽の蓋を漆塗りして壁にはめ、上棚には家紋入りの武家拵え一式が納まる。

カウンターに立つのはともに着物の年配の母と娘。こも豆腐やぜんまい煮などの〈ざいご盛り〉は飛騨の田舎（ざいご）料理のいろいろ。〈山うに豆腐〉は豆腐の味噌漬け。新名物となった〈あげづけ〉は味のついた油揚でおいしい。

小さな岡持から選んだ盃で酌む地酒「深山菊」はしみじみと気持ちを落ち着かせ、遠い山国の静かな居酒屋の旅情をかきたてる。地元の常連はカウンターよりも重厚な上がり座敷に座り、我が家のように晩酌をするというのも山国らしい。

関東・中部

住所　岐阜県高山市総和町1-50-6
電話　**0577-32-5490**
営業　17:30～23:00　日曜休
席数　カウンター8席　小上がり2席　座敷12席
交通　高山駅より徒歩5分
酒　　アサヒスーパードライ（生）500円、地ビール1400円、久寿玉（手造り）1.5合900円、氷室（生酒）1合1000円、まんさくの花1.5合800円、飛騨地酒各種常備
料理　飛騨牛串焼1500円、氷見の焼魚時価、焼なす地味噌入500円、油揚納豆焼500円、季節の煮物500円、漬物ステーキ1000円、はちの子800円、じゃがいものあぶらえ500円、山菜天1000円、きのこ料理（季節限定）

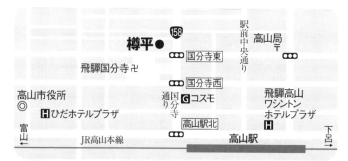

あんらく亭

高山の「晩酌文化」とは

高山は団体観光客が帰ってからの静かな夜に町の良さがある。暗い「樽平」の通りの少し先にぼおっと灯をともす三軒長屋の一軒「あんらく亭」は、三和土で履物を脱ぎ、籐平台の横長腰掛に座る。カウンターには漆塗り五合枡の煙草盆。柱時計、ガラス電灯笠、一位一刀彫り伎楽面、大甕の野花が落ち着いた雰囲気だ。

秋はきのこ料理が多く〈舞茸てんぷら〉は定番、〈老茸焼き〉は苦味がいい。葱味噌で焼き煮した地きのこ〈タイコノバチ〉で、地酒「老杉」がすすむ。店名は山本周五郎の名作『深川安楽亭』ではなく、笑いを入れた説教で評判となった僧・安楽庵策伝からつけた。

高山には夜が更けてから出かけて、大人が酒を酌んで語り合う「晩酌文化」があり、白髪白髭の主人はそれを聞いて楽しむ。その象徴のような店だ。

関東・中部

住所	岐阜県高山市総和町1-50-23
電話	**0577-33-3077**
営業	18:00～24:00　日曜休（年始休あり）
席数	カウンター8席　個室1（5席）
交通	高山駅より徒歩8分・タクシー5分
酒	キリンラガー生600円、サッポロラガー赤星(大瓶)600円、天領麝香清水1合600円、氷室大吟醸1合800円、焼酎（米・麦・芋）グラス550円
料理	お刺身盛り合わせ1200円、〆鯖800円、カレイ唐揚げ1000～1500円、キノコ味噌鍋(秋)1000～1500円、鯛カマ塩焼750円、蜂の子佃煮500円、このわた800円、ズワイガニ(冬)2500～3000円

本郷

和洋いりまじりの古民家の店

地方都市で今、最も欧米人観光客の多いのは飛騨高山と松本だ。大きなリュックを背負った若いカップルから、落ち着いた年配夫婦まで。高山駅の観光案内には八カ国語のガイドが用意され、レストランに英語メニューは普通だ。団体客ではない彼らは滞在型でゆっくりと夜の町を楽しんでいる。

「本郷」は、表は銀座のクラブのような超モダンだが中は、もともとは商家だったらしい大きな古民家の改造で、お目当てはいちばん奥の庭を背にしたカウンターだ。

オーナー・ゆかりさんは利き酒師にしてソムリエで、和洋の料理がそろう。〈天然きのこと飛騨ねぎの鍋〉や、一番人気〈飛騨牛すじ肉のやわらか煮込み〉は地酒にもワインにも合う。パスタやリゾットも完備。おそろいの黒シャツで働く美女三人・イケメン男子二人はきびきびと気持ちよく、高山の夜をゆったり楽しめる。

住所　岐阜県高山市本町3-20
電話　**0577-33-5144**
営業　18:00～24:00（料理LO22:30／飲物LO23:30）　日曜（祝日の場合は月曜）休
席数　カウンター8席　個室5（各4～6席）　テーブル1席
交通　高山駅より徒歩15分・タクシー5分
酒　　山車極天1合670円、深山菊秘蔵特別純米1合700円、天領飛切り1合800円、季節もの：醸し人九平次1合1200円、たかちよ1合950円、黒龍1合1000円
料理　お造りの盛りあわせ1人前2000円、ひだ牛すじ肉のやわらか煮込み620円、輪島ののどぐろ塩炙り2800円、揚げたてスパイシー厚あげ500円、特選おいしいチーズの盛合わせ1630円

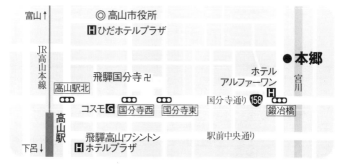

あじ平

広告美人画と、けいちゃん

派手な武者絵の暖簾をくぐった店内の壁は美空ひばり・山本富士子・佐久間良子・吉永小百合などのスターを使った昭和の宣伝団扇がずらりと並んで圧巻。そのコレクターである私には垂涎ものばかりでしばらく動けず。奥の座敷はビールや仁丹石鹼、三越のポスターなど先代の「広告美人画」コレクションが飾られる。

料理品書きはあいなめ、ほうぼう、ふくらぎなど北陸の魚介がたいへん充実し、新鮮な刺身は山国飛騨とはとても思えない。地酒燗酒は〈けいちゃん〉という郷土料理〈けいちゃん〉は味噌漬けした鶏肉を鉄鍋で焼き煮するものでビールに最高だ。ジンギスカンがヒントという〈メリメロけいちゃん〉とはいろいろ（メリメロ）具が入るオリジナル。

優しいお母さんに、二代目息子は超イケメンできりりとした声が魅力。この店を見つけた時はうれしかった。

住所　岐阜県高山市初田町1-34
電話　**0577-35-1063**
営業　17:00〜24:00　日曜（祝日の場合は月曜）休
席数　カウンター12席　小上がり10席　宴会場（〜45席）
交通　高山駅より徒歩5分・タクシー2分
酒　　生ビール(中)480円、天領飛騨錦グラス350円・1合480円、蓬莱家伝手造り純米吟醸グラス420円・1合580円、山車純米吟醸グラス420円・1合580円、焼酎各種グラス420円〜
料理　お刺身七点盛り1400円、自家製けいちゃん780円、飛騨つけものステーキ580円、飛騨の在郷料理380円〜、じゃがバター380円、海鮮みぞれ土佐酢980円、とろろステーキ680円

関東・中部

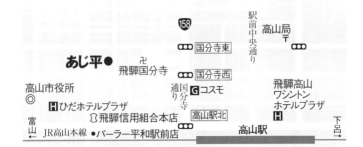

虎丸
とらまる

伊勢湾の魚に目を見張る

伊勢河崎町は、勢田川沿いに、立派な瓦の千本格子商家や古い蔵が連なるたいへん魅力ある町だ。そこに築一二〇年の石造り蔵のすてきな居酒屋がある。

白巻紙三段に達筆で書かれた日付入り品書きの、伊勢湾にこだわった魚がすごい。活寒平目の昆布〆、します（ひらすずき）、あおりいかなどの盛り合わせは超厚切りで、みずみずしい旨みがある。志摩大王町波切大敷定置網のブリの肝和えは、水揚げ即活け〆血抜きが肝を使う絶対条件だそうで、日本海ブリと違ってさっぱりした身に肝のコクが量感をつける。さらに伊勢湾新海苔の香り高い高貴な風味。その海苔で巻いた〈ブリ肝和え〉に恍惚とフルエル。

豪快な丸太木組みの高い天井に、声が少し響くのがいい。快活で覇気に満ちた好漢主人は魚に絶対の自信を持つ。三重に居酒屋なしの思いは木っ端みじんになった。

関東・中部

住所　三重県伊勢市河崎2-13-6
電話　**0596-22-9298**
営業　17:00～22:30（LO22:00）
　　　木曜休（ネタ仕入れにより不定休あり）
席数　カウンター14席　テーブル16席
交通　伊勢市駅より徒歩7分　近畿日本鉄道宇治山田駅より徒歩10分
酒　　伊勢錦（純米大吟醸）1合900円・720ml3500円、風の宮（純米吟醸）1合1000円・720ml3600円、七本鎗（純）1合700円・720ml2800円、百年の孤独（焼酎）グラス980円
料理　造り盛り合わせ(2人前より)2500円前後、自家製ざる豆腐420円、鳥羽産生かき・かきフライ・酢がき各680～880円、自家製ひもの320円～、おまかせ4000円～

名料理

名居心地

一月家
いちげつや

創業大正3年の
すばらしき名酒場

伊勢市駅からは少し離れた古い飲食街。堂々たる二階建ての白暖簾をくぐると、長いカウンター、手前は机、奥は広い小上がりの大きな店だ。一番人気の〈湯どうふ〉はこれでもかと削り節と葱が乗る。春に揚がる小女子〈かまあげ〉は一〇センチほどのしなやかな白銀の身に大根おろしと酢醤油でたいへんおいしく、細口胴長の昔の徳利の一杯がしみじみとうまい。

午後二時の開店にはやくも客が座り、小上がりは孫を連れた家族がなごやかだ。夜は若いサラリーマンや女性グループも来て満員盛況。通称「げつや」は大正三年創業で三代目、四代目が店に立ち、年配のお母さんが場をなごませて居心地は最高だ。日本中をまわり、地元に根づいた老舗はもうないと思っていた私は、市民の健全そのものの居酒屋にまた出会い、心から幸福な気持ちになった。日本は広い。

関東・中部

住所　三重県伊勢市曽祢2-4-4
電話　0596-24-3446
営業　14:00～22:30(LO22:10)　水曜休(年末年始・夏季休暇あり)
席数　カウンター18席　テーブル16席　個室1(8席)　小上がり40席
交通　伊勢市駅より徒歩13分タクシー5分・宮町駅より徒歩10分タクシー4分
酒　　地酒東獅子・鉾杉・初日各1合250円、生ビール(大)800円・(中)400円、酎ハイ各種300円
料理　湯どうふ350円、刺身600～800円、ポテトサラダ200円、牛すじみそ煮400円、穴子煮付600円、いわし酢漬200円、さめたれ焼物600円～、小ギス夜干350円、たまご焼200円、さつまあげ350円

名居心地

近畿

京都に割烹居酒屋が増え、
大阪は若手の開店でルネッサンス。
関西居酒屋は、さらに充実。

能登▼長浜
住茂登▼長浜
おヽ杉▼大津
神馬▼京都
赤垣屋▼京都
めなみ▼京都
祇園きたざと▼京都
祇園河道▼京都
小鍋屋いさきち▼京都
魚とお酒ごとし▼京都
食堂おがわ▼京都
櫻バー▼京都
ますだ▼京都
酒亭ばんから▼京都
蛸八▼京都

たつみ▼京都
百練▼京都
そば酒 まつもと▼京都
明治屋▼大阪
ながほり▼大阪
門▼大阪
上かん屋▼大阪
スタンドアサヒ▼大阪
なないろ▼大阪
酒や肴よしむら▼大阪
蔵▼大阪
蔵朱▼大阪
佳酒真楽やまなか▼大阪
佳酒真楽まゆのあな▼大阪
燗の美穂▼大阪
日本酒餐昧 うつつよ▼大阪

ぺにくらげ▼大阪
はちどり▼大阪
寧▼大阪
酒肴 哲▼大阪
藤原▼神戸
酒糀家▼神戸
吉訪▼神戸
丸萬▼神戸
酒商熊澤／ボンゴレ▼神戸
蔵▼奈良
食遊 鬼無里▼奈良
千里十里▼和歌山
長久酒場▼白浜

ここ数年、関西の居酒屋は大きく変化している。料理が主で酒は従の板前割烹が主役の京都に、地酒を何種も置いて料理水準も高い割烹居酒屋がいくつも誕生。料理も酒も、居心地も上等となれば無敵で、京都は居酒屋好きも満足させる都市になった。

大阪の動きは劇的だ。それは灘の酒一辺倒だった関西に、「山中酒の店」で全国の地酒を紹介普及させ、さらに自ら模範的居酒屋「佳酒真楽 やまなか」を開いた山中基康さんのもとで修業した若手が、第二世代として次々に独立して自分の店を開いたことにより、今はそこから巣立った第三世代も続いている。

東京に比べて大阪は上等な肴で名酒をじっくり味わう文化はなかったが、もともと食い倒れの土地、上質でリーズナブルとなれば客はどんどん入ってルネサンスがおきた。この動きは神戸にも刺激を与えているようで、当分関西から目が離せない。

能登(のと)

琵琶湖を味わうカウンター

人気の老舗割烹がいちど閉店したが、客の要望で先代の弟子が再開した。玄関の大狸が目印。店内の石畳が導く奥座敷、泉水の庭を見る広い座敷は、楽市楽座で栄えた長浜のお大尽らしく優雅。こちらは玄関脇六席の寄り付きカウンターがお目当てだ。

琵琶湖産にこだわり、春の〈ひうお(氷魚＝鮎の稚魚)かまあげ〉のほんの小魚なのに感じる色気。より大きくなった〈稚鮎かまあげ〉もぜいたくな品。〈鮒の子造り〉は鮒刺身にその卵をまぶす。琵琶湖の名品、鴨料理各種は、私は鴨と葱の野趣を味わえる単純な〈鴨焼き〉派。琵琶湖の天然鰻があれば必食だ。

さっぱりと感じ良い主人と略着物が色っぽい美人若女将を相手の一杯は旅酒の醍醐味。水路が巡る古い町を再現した長浜はいま大人気の町だ。名物「翼果楼」の〈焼鯖そうめん〉は必食。

名居心地

近畿

住所	滋賀県長浜市朝日町2-2
電話	0749-63-1096
営業	11:30～13:30　17:00～23:00　水曜・年末年始休
席数	カウンター6席　個室4(2～25席)　小上がり3
交通	長浜駅より徒歩5分
酒	能登(オリジナル純米吟醸)グラス640円・4合3800円、七本鎗(純米吟醸)グラス700円・4合4200円、松の司(純米吟醸)グラス840円、梅酒：青谷の梅(七年熟成)500円
料理	琵琶マス造り・塩焼き・煮つけ1400円、琵琶湖天然うなぎ白焼き・蒲焼き時価、琵琶湖本もろこ塩焼き1500円、天然かも小鍋・かも焼き1900円、稚あゆかまあげ650円

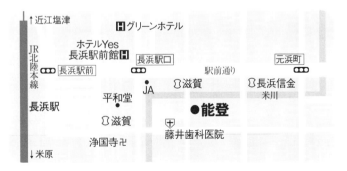

144

住茂登(すみもと)

老舗名店
伝統の鮒すし

歴史ある長浜の、大通寺参道の水路脇に一二〇年続く、今は四代目になる老舗の料理屋。代々、本もろこをはじめ、鮎、ビワマス、いさざなど琵琶湖の天然ものだけを扱う。その代表は言うまでもない〈鮒ずし〉。毎年六月、琵琶湖の固有種・ニゴロブナをご飯と漬けて発酵させた自家製は、琵琶湖漁師だった曾祖父のころと作り方も桶も重石も変わっていない。銀肌に抱かれた鴇色の卵が美しく、むせるような酸味に「鮒ずしに合う」という地酒「湖濱」がぴたりだ。使う皿や盃の、長浜らしい趣味の良い豪華さもまた魅力だ。

飾る長浜子供歌舞伎写真は、四代目の息子さんが小学校五、六年で演じた女形で、子供ながら凄艶な色気に圧倒される。その五代目も成長して店を手伝うようになり、お母さん似の美貌はまさに「栴檀は双葉より芳し」。中高年の夫婦旅に最適だ。

住所	滋賀県長浜市大宮町10-1
電話	**0749-65-2588**
営業	11:30～21:00　不定休
席数	テーブル10席　個室3（40席）　小上がり8席
交通	長浜駅より徒歩10分
酒	サッポロ赤ラベル（大瓶）840円、湖濱1合890円、六瓢箪300ml1030円、七本鎗1合690円、住茂登300ml930円、焼酎各種グラス530円～
料理	自家製鮒ずし1人前2000円、鮒の子付800円、鴨の肝煮800円、鴨のお刺身1500円、鴨の一人鍋2500円、近江牛のタタキ1000円、のっぺい汁900円～

近畿

お〉杉

居酒屋で
板前割烹の腕の冴え

東海道五十三次が入洛する一つ前の大津は、古い町並にも京の雅を予感する艶がある。旧街道に面した夜景が美しい「お〉杉」は板張り座敷も二階もあるが、一人ならばカウンターで、誠実な主人と優しい奥様の料理仕事を見ながらの一杯がいい。

修業を積んだ板前割烹の腕は冴えわたり、フグ、スッポンはもちろん、名物〈うなぎしゃぶ〉は一人前一尾を重い京包丁でビッと捌くことから始まる。五カ月寝かせたぽん酢がまたすばらしく、最後の雑炊に田上産の発酵した〈菜の花古漬〉が最高だ。毎日来ても同じ物は出さない料理人の意地が料理好きを通わせ地酒も充実、親子で作る陶芸皿を「これは誰の作？」と聞くのも楽しい。板前割烹といっても京都のように構えない温かな雰囲気に、観光京都をきらって訪ねてくる常連がいっぱい。熟年夫婦旅に自信をもっておすすめする。

名料理

住所　滋賀県大津市中央3-4-30
電話　077-526-3824
営業　17:00〜24:00　日曜・祝日休
席数　カウンター7席　1階掘ごたつ16席　2階座敷20席
交通　大津駅より徒歩7分　京阪石山坂本線島ノ関駅より徒歩7分
酒　　大治郎720ml 3400円、北島720ml 3400円、富乃宝山・山ねこ・佐藤・もぐら他焼酎各700円
料理　うなぎしゃぶ4500円、ゆば饅頭800円、近江牛あぶりみすじ1500円、自家製一夜干炙りもんセット1000円、甘だい酒蒸1200円、生麩ゆず味噌800円、からっと納豆姉妹600円、お造り盛り合わせ1500円、季節のコース6500円

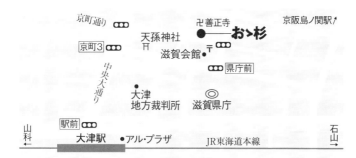

神馬 (しんめ)

昭和9年から続く古い酒場

京都に古い店はあたり前だが、居酒屋ではどのくらいあるのだろうか。昭和九年から続く神馬は、二階白壁に鏝文字で「銘酒 神馬」と浮彫され、古風な粋をたたえた玄関は格子窓や丸柱がつやつやと光る。店内は大きなコの字カウンターが回り、おおらかな昔の居酒屋を十分しのばせ、朱塗りの小さな太鼓橋が面白い。銅の燗付器でつける酒は、この店独自のブレンド酒でやわらかくおいしい。

先代お母さんは分け隔てのない気っぷの良さで一目も二目もおかれていた。いま板場に立つ、地元京都の料亭修業を終えた三代目により料理は飛躍的に充実。カニ、ふぐ、甘鯛などの高級品から、手軽に楽しめるスッポン小鍋、絶品の鯨ベーコン、鯖寿司など、懐と相談しながらじっくり飲む酒に店の歴史が味を加える。京都の古い酒場をしのばせる貴重な一軒。

住所	京都府京都市上京区千本通中立売上ル玉屋町38
電話	075-461-4322
	075-461-3635(予約専用)
営業	17:00～21:30(LO21:00) 日曜休
席数	カウンター34席
交通	千本中立売バス停すぐ前 二条駅より徒歩20分
酒	燗酒(剣菱・白鹿・他7種ブレンド)1合500円、冷酒(久保田千寿・〆張鶴・琵琶乃長寿・他)1合650円
料理	天然たいお造り1900円、まぐろとろお造り2500円～、甘だいお造り1900円、やりいかお造り950円、さばきずし1050円、焼魚800円～

名料理

名居心地

日本居酒屋遺産

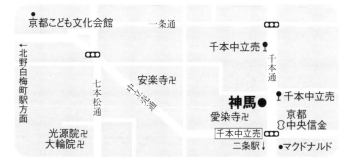

赤垣屋
京都を代表する名居酒屋

川端通りに面した黒板壁に縄暖簾。障子戸を開けると小さな土間。その先の年代を経た天井、割竹の壁、ひんやりした三和土、ぶら下がる裸電球の広大な居酒屋空間は、時間の堆積した空気が充満してすばらしい。カウンター後ろの三畳ほどの小上がりも魅力だが、京の町家らしく深い奥の、庭を囲む座敷もたいへんよい。

客の肘で磨かれたカウンター角はおでん舟と四斗樽の座る燗付場で、みごとな手さばきで燗された伏見の名誉冠は絶品だ。経木に独特の筆跡で書かれた品書には、地元らしい品も並び、京都の居酒屋はこういうものを出すのかと興味津々だ。

赤垣屋は戦前からの店で、昭和二四年からここ。建物はいつのものかもわからない。三〇年、四〇年通う常連は普通という。私も通って十数年は過ぎた。文字通り京都を代表する名居酒屋である。

住所	京都府京都市左京区川端二条下孫橋9
電話	075-771-3602
営業	17:00～23:00　日曜・祝日の月曜休
席数	カウンター11席　小上がり・離れ座敷有り
交通	京阪線三条駅より徒歩6分
酒	名誉冠 樽酒(京都伏見・10月～4月)正1合500円、百合(焼酎)500円
料理	〆さば800円、よこわかつおタタキ1200円、てっぱいぬた600円、おでん(通年)100円～、地鶏焼600円

名居心地

日本居酒屋遺産

近畿

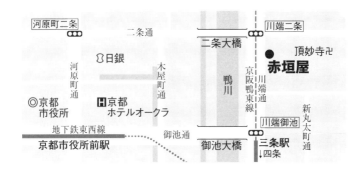

めなみ

こころはずむ
町角の小割烹

古都京都に、気軽に入れる京都らしい店を知っていたらと思う人は多いだろう。高瀬川に沿う木屋町通り、三条小橋たもとのここで願いがかなう。お造り、焼もの、揚もの、一品いろいろ、お野菜もの、ご飯ものと並ぶ品書きは値段も明記。浅鉢に波打つように盛られた鯛造りはたいへん美味だ。冬の〈雲子ぽん酢〉（タラ白子の若いの）は紅葉おろしがピリっときく。カウンターに並ぶ大鉢のおばんざいは丸大根とお揚げ、生ゆば煮、えびいもなどおよそ二〇。定番〈鴨ロース〉はピンク美しい自家製。意外な一品〈ラム山椒焼〉はお値打ち。

開店昭和一四年。創業のおばあちゃんの名前が「なみ」、女なので「めなみ」としたと言う三代目美人おかみは、白割烹着がぴたりと決まり魅力的だ。白木まぶしい店内は気持良い。京都そぞろ歩きに格好な場所に、格好の店あり。

名料理

名居心地

住所 京都府京都市中京区木屋町三条上ル
電話 075-231-1095
営業 17:00〜23:00　日曜休
席数 カウンター8席　小上がり12席　個室2（6席・20席）
交通 京阪線三条駅・地下鉄東西線京都市役所前駅より徒歩5分
酒 ビール(大瓶)700円、鷹取1合500円、賀茂泉1合600円、泡盛(瑞泉)600円、季節毎に厳選の日本酒有り
料理 天然物はも落し2000円、天然物ぐじ造り2000円、天然物よこわ造り1600円、どびん蒸2000円、かぶら蒸1300円、れんこん鰻頭800円、万願寺青唐辛子600円、大根煮600円、おから400円、賀茂なす田楽800円

祇園 きたざと

祇園の裏小路で京都を満喫

祇園の花見小路は最も京都らしい所として、昼間は観光客が雅な町並にため息をついて歩いている。そのひと筋裏通りの町家に挟まれた石畳を踏み、お茶屋風情の小さな玄関で靴を脱ぐ。奥は板の間、右は七人ばかりの床座りカウンターだ。モダン和風の軽快な内装は新しく気持が良い。主人は比叡山でながく評判の店「北さん」を開いていたが山を下り、祇園に店を持った。品書は何を頼んでも全く満足できる。名物は〈焼きとろろ〉。私の好物は〈鯛のカマ焼〉。店に立つおかみとお嬢さんは花柳流名取りで着物の着付は寸分の狂いもない。厨房の息子さんは三味線杵屋流。やる一杯はまさに人生の愉しみだ。いつも思うのは京都の酒の最大の肴は「今、京都で飲んでいる」という気持の華やぎだ。千年の古都のオーラが酒の味を華やかにしている。

住所　京都府京都市東山区祇園町南側570-120
電話　075-561-0150
営業　17:00〜22:00（LO21:30）火曜休
席数　カウンター7席　テーブル4（4席×2、2席×2）　個室3（24席）
交通　京阪線四条駅より徒歩7分
酒　　アサヒドライプレミアム樽生（中）800円、キリンハートランド瓶（中）800円、月桂冠限定純生吟醸1200円、富翁特別純米1000円、酒呑童子純米800円
料理　特製焼とろろ1000円、名物冷し梅蒸し800円、とろとろチーズの焼とまと1500円、小芋の唐揚げ800円、京小菜とあげのサラダ1000円

近畿

名料理

名居心地

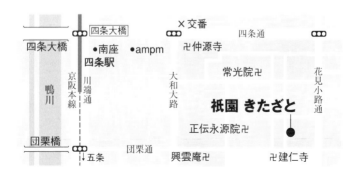

祇園河道
(ぎおんかわみち)

祇園、意欲的
名店のライブ感

やや急な階段を上がった二階。L字カウンターと机席ひとつのこぢんまりした店。白ポロシャツにネクタイ、白調理着の河本さんは男社会の京都板前修業を一〇年つとめ、女性には珍しい自分の店を持った。

温物、焼物、肴物などに分かれた献立の〈なめろう〉は青魚を叩いた漁師料理とは大違いで、鯛・ヨコワ・ヤリイカ・ホタテなど数種の魚介の小片が、浅葱・はじかみ・ゴマ・生姜などたっぷりの薬味とぬめりのあるメカブでぐいぐい混ぜられた大鉢だ。

その場にあるものをどんどん使って目の前で調理する割烹スタイルが大胆。一方〈鶏肝スパイスやわらか煮〉はその通りの品でたいへんおいしい。酒は日本酒、ワインなどオールラウンド。割烹+ビストロ+居酒屋の新しいスタイルが魅了する。

大きくとった窓から見る、ライトアップされた南座がじつにみごと。

住所　京都府京都市東山区常磐町149-1　幕間ビル2階
電話　**075-531-0154**
営業　18:00~23:00（LO22:00）　不定休（年末年始休あり）
席数　カウンター8席　テーブル3席
交通　京阪祇園四条駅より徒歩2分　阪急河原町駅より徒歩5分
酒　　生ビールグラス650円、兼八（麦）グラス700円、喜楽長1合900円、英勲辛口1合600円、九頭龍1合700円　※日本酒常時13種類~、焼酎常時10種類~
料理　お造り盛り合せ6種2500円~、なめろう薬味めかぶ和え800円、鶏肝スパイスやわらか煮600円、焼海老とゴボウのポテトサラダ900円、丹波牛イチボたたき1500円、季節天婦羅1000円~

名料亭

小鍋屋いさきち
目移りする小鍋立各種に、わくわく

小鍋立をメインにしたユニークな店。具沢山の寄せ鍋ではなく、具は二種、加えても豆腐までのシンプルな組み合わせの妙を楽しむ。水菜と揚げ、九条葱と鶏、三つ葉と茸、牛蒡とブリしゃぶ、鯛しゃぶ、季節の雲子、湯葉など。池波正太郎が時代小説で書いた〈あさりと大根の小鍋〉がここで味わえる。これはうまいですぞ。

カウンターにはめたIHヒーターで主が温度など鍋の様子を見て、「黄金の出汁」は惜しげなく追加され、一人で二種の鍋をとる人もいる（私です）。名物〈すじ煮込〉など他の肴も非常に充実し、鍋前に一杯もわるくない。

鉢巻がトレードマークの主人は、名割烹たん熊で修業し、わかりにくい場所なので何か名物をと考え小鍋立を売りにした。結果は大当たり。祇園の姐さんもこっそり訪れ、目を楽しませる。

住所　京都府京都市東山区祇園花見小路新橋西入ル巽小路上ル西之町232-5
電話　075-531-8803
営業　18:00〜2:00　日曜・祝日休（年末年始・夏季休暇あり）
席数　カウンター8席　小上がり2（各4席）
交通　祇園四条駅より徒歩5分
酒　　菊正宗1合600円、菊正宗冷酒樽酒300㎖1200円、生ビール（中）600円、瓶ビール（中）700円、黒霧島（芋）グラス500円、いいちこ（むぎ）グラス500円、勇（むぎ35度）グラス700円
料理　鍋：鯛しゃぶ・ぶりしゃぶ・雲子各3500円、かき3000円、ゆば1500円、九条ネギとり1800円、あさり大根1500円ほか　あじたたき1500円、すじ煮込800円、おから500円

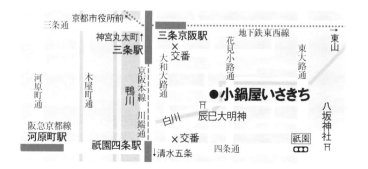

魚とお酒 ごとし

京都の中心街を離れて一杯

すっきりしたモダン和風の店内は明るく軽快。品書きは、焼物、天ぷら、揚物、珍味、一品、ご飯物と分かれ「造りは黒板をどうぞ」とある。「酒のあて」はふなずしなど各種がそろう。夏の〈アマテカレイ造り〉に滋賀の酒・萩乃露はぴったりだった。〈沖ハゼ一夜干し〉もしみじみとおいしく、〈鴨と焼葱の鍋〉〈まる鍋〉は必ず忘我の境になる名品だ。

新しい京都の割烹居酒屋ではピカ一の定評は不動となり良客が定着。丸顔主人と奥様も余裕が感じられる。同じ志の仲間と、燗酒を愛する〈燗ニング〉グループなる組織をつくったというのもいい。日本酒好きの常連は後ろの酒棚から自分で好みの一升瓶をとって燗させる。酒は山陰の重め純米酒が多い。京都の中心、祇園や河原町から離れひっそりした二条で、手抜きのない肴で一杯やるのは京都の酒の醍醐味といえる。

住所 京都府京都市中京区高倉通二条下ル瓦町543-1　EDU高倉1階
電話 075-255-4541
営業 14:00〜23:00　月曜休(祝日の場合火曜休。年末年始・夏季休暇あり)
席数 カウンター11席
交通 烏丸御池駅より徒歩5分
酒 日置桜・睡龍・生酛のどぶ・竹鶴・辨天娘・神亀各1合800円〜ほか常備60種以上 * 半合より注文可
料理 造り10種盛1人前1500円〜、甘鯛塩焼1800円、まる鍋2000円〜、鯖きずし1000円、あじのなめろう800円、しらすと水菜のおひたし450円、ふなずし800円、たいみそ500円

名料理

名居心地

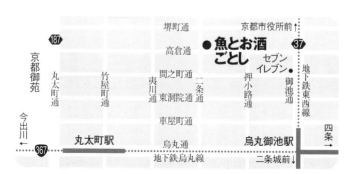

食堂おがわ

気鋭の料理人、たちまち名店に

有名割烹などで一五年の修業を重ねた若手主人は、その頃から料理通に名を憶えられていた。満を持して開いたのは料理値段上限二五〇〇円の小居酒屋。たちまち評判となり、予約を待つ客がいっぱいになった。

V字カウンターの先頭で包丁を持つ腕は余裕しゃくしゃく。客の軽口に答えながらも次々に料理をこなす。糸ぐるぐる巻きの〈カモハム〉は山椒のきいたたれが決め手。京都を代表する〈ぐじ〉は魚を見て調理を決める。〈だしまき〉は練達の技。ものすごい高熱でゴーと煮る〈すっぽん鍋〉。白板昆布を巻いた〈鯖寿司〉や〈生姜ごはん〉などごはんものも大きな楽しみだ。

全ての料理は修業に自分の技術を重ねて個性がのぞく。ここのカウンターに座ると本当に京都に住む人がうらやましくなる。開店以来、京都で最も予約のとれない店の定評は続いている。

住所	京都府京都市下京区西木屋町四条下ル船頭町204
電話	**075-351-6833**
営業	17:30〜23:30（LO22:30） 水曜・毎月最終火曜休（年末年始・夏季休暇あり）
席数	カウンター10席
交通	河原町駅より徒歩5分 祇園四条駅より徒歩7分
酒	東北泉1合800円、富翁1合800円、蒼空1合800円、不老泉1合800円、萩乃露1合800円、生ビール500円、瓶ビール(中)600円、焼酎各種グラス500円
料理	甘鯛ぐじ・造り・焼き・蒸し・揚げ・ごはん各種1900〜2500円、だしまき500円、カモハム1000円、しょうがかきあげ700円

名料理

近畿

櫻バー
地元の人で満員 京都居酒屋の底力

祇園、河原町などばかりを歩いていた私が、京都居酒屋の本当の実力を心底知らされた店。場所は五条大橋東の裏路地、「味の居酒屋 櫻バー」の看板も目立たない。

調理場丸見え長カウンターの上に品書き墨書長巻紙が続く。〈穴子焼霜造り〉〈蛤酒蒸し〉〈春野菜のてんぷら〉〈牛スジ大根〉〈小芋煮〉など信じられないうまさが続き、いずれもたっぷりある量を少しも残すことはできなかった。満員客の次々にとぶ注文を、主人は同時に五つくらい並行させて一心不乱だ。

京都地元の人は本などに紹介される所は足を踏み入れず、観光客の来ない店で自分の舌を満足させ、それは見かけ重視の観光料理とは一線を画す。私はここで京都居酒屋に開眼した。何か用事はないかとせっせと気を配る年配お母さんは宝物のような方。私はいつも心から頭を下げる。

住所　京都府京都市東山区大和大路通五条上ル山崎町376
電話　**075-561-4701**
営業　17:30〜24:00　日曜休・祝日不定休
席数　カウンター10席　小上がり10席
交通　清水五条駅より徒歩5分
酒　　生ビール(中)550円、瓶ビール(大)650円、黒霧島(芋)グラス450円、神の河(麦)グラス450円、キンシ正宗1合420円、キンシ正宗生貯蔵酒300ml650円
料理　季節のおばんざい400円〜、生麩の田楽630円、ゆばのあんかけ630円、揚げ小芋あんかけ780円、各種刺身980円〜、人参葉おしたし420円、じゃが芋チーズ焼780円

名料理

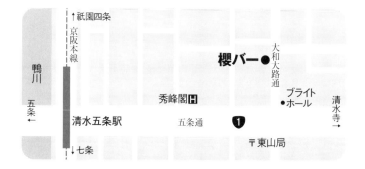

ますだ

改装してもかわらない店の品格

先斗町中ほど十五番ろーじ（路地）「ますだ」は大佛次郎、梅原猛、桂米朝、ドナルド・キーンなど錚々たる文化人に愛された、いかにも京都の小粋な小酒場。このたび六五年ぶりに改装してカウンター席を少し増やし、小さな机席も二つできた。古竹や葦簀の天井、墨色の床など往年の情緒は残り、でんと据えた賀茂鶴四斗樽も、わっしと摑む大徳利も、ずらりと並ぶおばんざいも、狸の置物も変わらない。司馬遼太郎が多くの文化人の名を詠みこんだ大屛風は表装されて間近に見られる。

一推しの〈きずし〉は出汁のきいた二杯酢に針生姜が絶妙。〈鴨ロース〉〈いわし生姜煮〉、古漬けたくあんの〈大名炊き〉あたりは人気だ。ここの良さは決して文化人サロンではなく市井のいろんな人がやってくるところ。しかしその客はたいへん品がよく、これが店の格というものだろう。

名居心地

住所	京都府京都市中京区先斗町四条上ル
電話	075-221-6816
営業	17:00〜22:00（LO21:30）　日曜休
席数	カウンター9席　個室3（6席×2・12席）　小上がり1
交通	河原町駅・祇園四条駅より徒歩5分
酒	賀茂鶴樽酒1合1080円ほか
料理	さば生ずし864円、にしんとなすのたいたん864円、こいも・やさいのたきあわせ1080円、鴨ロース1080円、おから540円、東寺ゆば864円

近畿

酒亭ばんから

先斗町路地に行きつけの店を

「ますだ」の他にもう一軒、先斗町になじみを作ろう。二十一番ろーじの「酒亭ばんから」は二階座敷もあるが、玄関の広い三和土のカウンター席がいい。

京都をはじめ全国の銘酒揃えに抜かりはなく、はじめに出るお通しは、たとえば〈湯葉・フキノトウ天ぷら・木の芽蛸煮・小さなブリ切身焙り〉とスタートから楽しめる。〈かき松前焼き〉〈豆腐の酒盗チーズ焼き〉など手軽な酒の肴がよくそろい、左党泣かせの〈卵黄味噌漬〉もある。私がいつも頼むのは北野天満宮前の老舗豆腐屋〈とようけ屋さんの油揚〉。京都の薄揚げはたいへんレベル高く、酒の肴に最高だ。

白衣の主人は料理、とっても若い美人奥様はお酒担当。仲良しでうらやましい。

先斗町人気は高まるばかりだが、あまりふさわしくない店も散見するようになった。ここは変わらず続いてほしい。

住所	京都府京都市中京区先斗町通四条上ル鍋屋町209-8
電話	**075-221-5118**
営業	17:30～22:30（LO22:00）　火曜休
席数	カウンター8席　テーブル17席
交通	京阪祇園四条駅より徒歩7分
酒	生ビール580円、蒼空1合830円、祭蔵舞1合960円、旭若松1合780円、生酛のどぶ1合810円　※日本酒25種類以上常備
料理	お造り盛合せ8種1人前1530円、黒毛和牛牛すじと九条葱の土鍋煮880円、海老芋のカニあんかけ880円、加茂茄子の白味噌田楽800円、豆腐の酒盗チーズ焼650円、くじらのハリハリ小鍋1280円　※料理は季節により変更

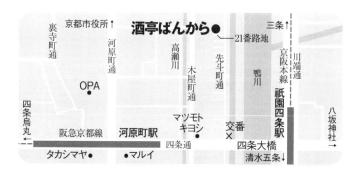

蛸八(たこはち)

常連が通う小料理のくつろぎ方

新京極通と寺町通をつなぐ間の「蛸八」は、修学旅行生や若い人の多くなった通りに超然と小さな白暖簾を出す。中は入口だけ少し折れた小さなカウンター席のみ。小黒板は、たい、ぐじ、穴子、鴨ロース、かしわ、合物等々と素っ気ない書き方だが聞けばよい。〈かしわ〉は焼くか揚げるか。合物はてっぱい(ぬた)のことで今日は葱。穴子は今日は煮穴子。

開店四〇年近い古い店で、変わった品はないがそれぞれの料理の水準は極めて高く〈生ずし〉は京都一の艶っぽさ。焼き台に付きっきりの〈ぐじ〉の、そのうろこ。

男前だった先代を継いだ二代目も明朗な男前で、目当ての女性客たちも先代ゆずり。美人奥さんもいたって気さく。ほぼ常連ばかりの客の京都言葉で交わす気安い会話がご馳走だ。私はここで全く肩の力を抜いて京都を楽しめるようになった。

住所 京都府京都市中京区蛸薬師通新京極西入
電話 075-231-2995
営業 18:00〜23:00 日曜休(年末年始・夏季休暇あり)
席数 カウンター11席
交通 阪急河原町駅より徒歩5分
酒 キリンラガー(大瓶)700円、白鹿1合500円、まつもと1合600円、天照(そば)グラス500円、前田利右衛門(芋)グラス500円
料理 お刺身盛り合わせ時価、ぐじ焼時価、生ずし800円、鴨ロース1200円、小芋空揚600円、若竹煮(春)1500円、はもおとし・焼しも時価(夏)、すっぽん鍋(冬)2000円

近畿

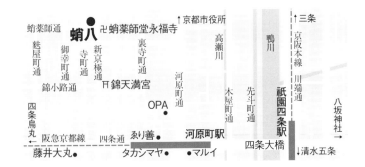

たつみ

京都大衆酒場 不動のトップ

京都の酒飲みで裏寺町の「たつみ」を知らない人はいない。

昼一二時から夜一〇時までぶっ通しの営業。路地角左右の入口前は立ち飲みカウンター、奥は広く机席が続く。壁を埋め尽くすビラ品書きはおよそ二〇〇種、きずし、ヨコワ刺身、香住産エテカレイ、蓮根天、里芋まんじゅう、山陰産岩のり、お餅となすび揚げ出し等々、平均価格およそ三八〇円。人気は鳥肝煮、穴きゅう（穴子と胡瓜のぽん酢）あたり。酒はビール、チューハイ何でもあり。

夕方四時に満員。酒は黄桜のガラス瓶燗だ。若い従業員は返事も調理場への伝達も明快で、品が届くと目の前の伝票に横線を入れて消し、安心感がある。冬の〈たつみ特製粕汁〉は具沢山に濃いめの粕でたいへんおいしい。みやびな京都にも大衆酒場はある。ここがその橋頭堡、迷わず直行！

住所	京都府京都市中京区裏寺町通四条上ル中之町572
電話	075-256-4821
営業	12:00～22:00（LO21:30）　木曜休
席数	カウンター6席　テーブル22席　小上がり10席　立ち飲み15～20人
交通	河原町駅より徒歩1分
酒	瓶ビール580円、黒生ビール380円、チューハイ380円、焼酎（麦）グラス340円・（芋）グラス380円、黄桜300㎖380円
料理	野菜天(季節の野菜5種)380円、串カツ(5本)380円、牛すじどて焼480円、きずし400円、鯖へしこ380円、はもかわ280円、ポテトサラダ180円、焼あつあげ280円、鳥きも煮280円

近畿

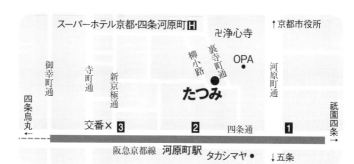

百練(ひゃくれん)

何もかも知ったうえでの大衆酒場

「たつみ」のある会館二階の「百練」は、京都一の伊達男・バッキーこと井上さんの店。日本初の酒場ライターにして本業は錦小路の漬物店「錦・高倉屋」店主。会館オーナーに「上が空いたから居酒屋やらへん」「やるわ」と一つ返事で引き受けた。

黄色いビラの〈塩がイカが盃を呼ぶ／ホタルイカの沖漬〉〈何もしない何もできないマヨがあれば／ハムとマヨネーズ〉と大衆路線ながら〈漬物盛り合わせ〉や〈極上豚しゃぶ〉は人気定番。牛アゴ肉を蒸して仕上げた〈蒸しアギ〉、冬の〈たら皿〉は傑作だ。酒は銘酒どうのこうの言わず伏見地酒「澤屋まつもと」のみも潔い。

バッキーも木曜はここで飲んで騒ぐ飲み日。「たつみアネックス」と笑わせる酒場を知り尽くした男の気取らない結論がここ。店内の絵は京都で数々の壁画を描いて名高い木村英輝画伯。

住所　京都府京都市中京区裏寺町通四条上ル中之町572　しのぶ会館2階
電話　**075-213-2723**
営業　11:30〜23:00（LO22:30）　無休
席数　カウンター8席　テーブル20席
交通　阪急河原町駅より徒歩2分　京阪祇園四条駅より徒歩5分
酒　　澤屋まつもと1合600円、三岳(芋)グラス600円
料理　ヌカ漬盛り合わせ580円、鉄皿ステーキ700円、赤チリトリ1200円、豚しゃぶ1人前1500円、たら皿580円

近畿

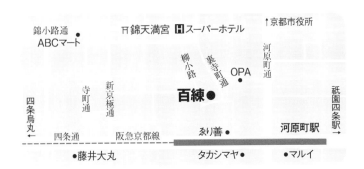

そば酒 まつもと

小さな七人席の座り心地

京都一の交差点・四条河原町から少し入った寺町裏、通称「裏寺」は若い人の集まる自由地帯でそれが京都の面白いところ。石畳細路地の柳のたもとの「そば酒まつもと」は、ここに店があったらいいなあと思う通りの古民家のカウンター居酒屋だ。

もの静かな若い青年の料理は脊本位で、柚子胡椒が合う〈鴨つくね〉、皮を残してヅケにした〈鳥わさ〉や〈貝柱の塩辛と山葵と海苔〉は酒のあてに格好。日本酒の扱いは慎重でお燗がうまい。金はかけてないがセンスは抜群の店内は、このあたりで飲みたいが、すぐそこの大衆酒場「たつみ」じゃちょっとというおしゃれ女子に大人気。

七席に男は私だけの日もあった。

彼は「昼酒」をやりたくて始めたと聞くが、意外というか案の定というかその客は多く、ために夜の部は品切れで早仕舞も多い。最後はもちろん蕎麦で締める。

住所　京都府京都市中京区中之町577
電話　075-256-5053
営業　12:00〜14:00　16:00〜23:00／日曜13:00〜19:00（LO閉店時間30分前・売切れ次第閉店）　火曜休（不定休あり）
席数　カウンター7席
交通　阪急河原町駅より徒歩3分
酒　　生ビール600円、秋鹿1合600円〜、ワイングラス850円〜
料理　そば味噌350円、長芋ポテトサラダ500円、鴨ロース950円、鴨出汁おでん(冬)300円〜

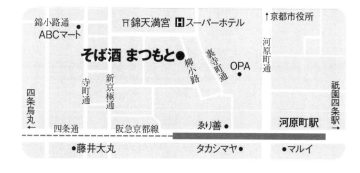

明治屋
(めいじや)

ここは居酒屋の聖地である

阿倍野再開発に孤高の存在だった明治屋は駅に近い「あべのウォーク」の一階に移った。長年の客は雰囲気の変ることを心配したが、ビルのアーケードにあって、玄関周りも扁額も吊り看板も、店内のカウンターも樽も大時計も神棚も、昔と寸分変らず再現。再開店初日に引き戸を開け、嬉しさに泣き出した常連が何人もいたという。多くの居酒屋が新装で客を失い失敗しているなかで、居酒屋は内装を変えてはいけない事をここまで徹底したのは快挙だ。しかし厨房やトイレは最新清潔に変えた。

そのカウンターのいつもの席に座り、〈きずし〉〈湯豆腐〉〈皮くじら〉あたりを肴に、伝統の流動式燗付け器の酒をガラス徳利で一杯い、世の中が変らない安堵感の確認だ。創業昭和一三年。脈々と続いてきた大阪最高峰の居酒屋は今後が保証された。これを喜ばずにいられようか。

住所 大阪府大阪市阿倍野区阿倍野筋1-6-1
　　　Viaあべのウォーク137
電話 **06-6641-5280**
営業 13:00〜22:00　日曜休
席数 カウンター14席　小上がり4席　テーブル22席
交通 天王寺駅より徒歩10分
酒　　樽酒420円、秋鹿480円、鶴齢500円、神亀650円
料理 きずし550円、どて焼500円、シュウマイ350円、出し巻300円、いか団子450円、湯豆腐370円(冬季のみ)、皮くじら(夏季のみ)500円

日本居酒屋遺産　名酒

名料理

名居心地

近畿

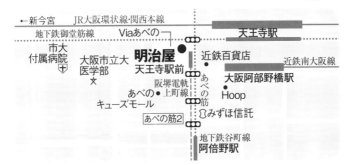

ながほり

名実ともに居酒屋の最高峰

女子大のある静かな町の、酒蔵をイメージした風格あふれる店。酒蔵で使われていた古材を柿渋で仕上げた店内は日本酒の「気」があふれる。料理は復活地野菜をはじめ、すべて生産者に会って確かめた素材の、例えば〈猪と丹波黒豆のソーセージ〉のような未踏の領域に入っている。山椒をきかせた熱々の〈野菜のあんかけ〉は誰もが感動する名品に定着した。料理の特長はずばり「力強さ」。にこにこ顔で信念を通す主人・中村さんは、一流ホテル料理長や全国の名シェフと交流深く、ますます新しい活動に目が離せない。
であリながら「ウチは居酒屋です」と日本酒への尊敬を欠かさず、低価格の意地を通す真っ直ぐな姿勢がうれしい。居酒屋というものがここまでレベル高くなれるのかを証明する。名実ともに日本を代表する第一級の居酒屋。

住所　大阪府大阪市中央区上町1-3-9
電話　**06-6768-0515**
営業　17:00～23:00　日曜・祝日休
席数　カウンター12席　テーブル2（各4席）
交通　地下鉄長堀鶴見緑地線玉造駅より徒歩7分
酒　　喜楽長（大吟醸）750円、松の司（純米吟醸）750円、磯自慢（純米吟醸）850円、東一（吟醸）750円、九平次（純米吟醸）750円
　　　＊いずれも110ml
料理　季節のお造り780円～、うまい野菜山椒あんかけ1580円、比内地鶏のつくね焼1080円、比内地鶏と吉田牧場のカチョカバロチーズ焼2380円、サラダ各種1580円～、白あま鯛ココットスープ仕立て2500円

名酒

名料理

名居心地

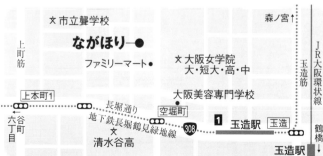

門
もん

お初天神に
泉州岸和田の快男児

大阪キタの名物小路、お初天神。小さなドアを開けるといきなり細階段で二階へ。荒っぽいだんじり祭で有名な岸和田出身の兄貴マスターは、祭には必ず店を休んで馳せ参じ、「毎年死にそうなりますわ」と笑う。夏は何といっても、みずみずしい〈泉州水なす漬〉〈泉州がっちょ（めごち）〉をガブリ。春先の〈泉州がっちょ〉は、頭でつないだまま身と骨を三枚におろして塩焼きするのが珍しく、あっさりときれいな味で骨もいける。穴子てんぷらに青葱山盛り、生醤油をまわして食べる名物〈ねぎあな〉も岸和田流とか。かの地は大阪でも特に個性強い土地柄と聞くが料理もストレートだ。

酒は良いものが揃い、お燗は、小さいちろりを素焼カップの湯に浸けて出すのが、簡単だけどいいアイデアだ。ここを出たら、すぐ近くの九〇年を越える名門バー「北サンボア」へどうぞ。

住所	大阪府大阪市北区曽根崎2-5-37
電話	06-6364-3573
営業	17:00〜24:00　日曜休
席数	カウンター4席　テーブル11席
交通	阪神電鉄梅田駅より徒歩10分　北新地駅より徒歩5分
酒	磯自慢青春大1300円・小600円、まんさくの花大1000円・小500円、飛露喜大1000円・小500円、国権大1000円・小500円、村祐大1000円・小500円（大は200ml、小は90ml）
料理	大間本鮪1800円、渡りがに塩焼き3500円、伝助穴子のかば焼き1800円、珍味三種盛りあわせ1500円、名物ねぎあな1000円、名物サバサンド900円、鮫一夜干し600円

近畿

上かん屋
浪花の味の真髄が路地奥に

路地の奥。石畳の打ち水に提灯がしっとりと映る。「割烹 久佐久」の親方は、座敷の割烹だけでなく客の顔を見ながら商売したいと、一階をカウンターと小座敷の居酒屋「上かん屋」にした。値段は安いが料理は同じで、これはお値打ちだ。

〈たこやわらか煮〉〈冬瓜煮〉〈はも照焼〉〈子持ち鮎煮浸し〉〈はもの子〉など煮ものの味の奥深さ。これは古い料理ですと言う〈いちじく柚子味噌田楽〉の濃厚な爛熟に文字通り絶句。一八歳で料理の世界に入ったとき師匠はすでに六〇歳、古い料理ばかり教えられてと思っていたが、今その有難さをつくづく感じるという。

燗酒は最上の錫ちろり。店名は祖父が出していた飲み屋の屋号を復活させたそうだ。一杯傾けながら浪花の味の真髄を、料理仕事を見ながら愉しめる、これぞ真の理想の店。私はこのために大阪に行く。

住所　大阪府大阪市中央区心斎橋筋2-1-3
　　　※法善寺横丁にもあり、若手が店に立つ
電話　**06-6213-1030**
営業　17:00〜23:00（LO22:30）　日曜・祝日休
席数　カウンター7席　テーブル2（4席・6席）
交通　地下鉄御堂筋線心斎橋駅より徒歩5分
酒　　緑川（純米吟醸）グラス650円、手取川（山廃純米）グラス550円、
　　　菊正宗1合500円、やきいも黒瀬（芋焼酎）グラス600円
料理　たこやわらか煮780円、あなごと焼き豆腐の旨煮650円、
　　　おから520円、すじどて焼480円、炭火焼いろいろ350円〜、
　　　帆立とわけぎぬた580円、〆サバ780円

名料理

名居心地

スタンドアサヒ

活気と実力
これぞ大阪居酒屋

大阪南田辺のごく平凡な店だが、一人者、男同士、女同士、夫婦、仲間など世代をこえて超満員だ。料理は驚くべきレベルの味で超安値。常連が必ずとる季節の炊きもの〈小鉢〉一つで実力が十分わかる。目の前でしじゅうタレをかけまわす〈うなぎ蒲焼き〉の魅力。腕の見せ所〈きずし〉は切り方も味も厚みがあり、思わず箸を置き腕を組み目を閉じ、ウンウンとうなずくうまさ。

丁寧な料理は老練な父と働き盛りの息子。そしてしゃきっと通る声で差配する美人クミコさんの獅子奮迅の活躍が生み出す明るい活気！ 私は超ファンだ。

お年寄りと幼い子供連れの一家で来ているのがこの店の良さを表す。おいしくお値打ちな品をにぎやかに楽しみながら一杯やる大阪居酒屋の実力と健全さをみせる、開店八〇年を越える名店中の名店。私は涙がでました。

住所	大阪府大阪市東住吉区山坂2-10-10
電話	06-6622-1168
営業	17:00〜22:30　日曜・祝日・年末年始休（夏季休暇あり）
席数	カウンター11席　テーブル23席
交通	南田辺駅より徒歩1分
酒	白鶴1合350円、菊正宗1合400円、賀茂鶴1合450円、金陵純米300ml800円、さつま司（芋焼酎）グラス400円、神の河（麦焼酎）グラス400円、アサヒ樽生・黒生中ジョッキ各400円
料理	季節炊き合せ350円、つくり盛り合せ（3種）700円、やきとり2本200円、エビフライ2尾600円、うなぎ蒲焼き1500円、たこ酢350円、きずし300円、わけぎぬた250円

近畿

名料理

名居心地

なないろ

料理最高の割烹居酒屋

大阪東成区で「こんな下町にこんな見事な料理が」と注目されながら八年苦労した兄弟は二〇一三年、心機一転、名店のそろう島之内に「酒菜屋なないろ」を開いた。それまでの安普請とはちがう高級カウンター割烹のしつらえは常連に「出世したやんけ」と言われたが喜ばれ、ほっとした。

〈ハモの子の卵蒸し〉〈活穴子薄造り〉〈釧路仙鳳趾牡蠣の昆布焼〉など料理はさらに良い素材が使えるようになり、韓国料理の経験がある弟の〈花にらのナムル〉〈チャプチェ〉は誰もが頼む人気だ。

もうひとつ料理を広げようと兄弟で出かけた、山形庄内の生産者を一軒一軒訪ねる旅で地産素材の力に衝撃を受け、その行脚は日本中に広まった。〈生フルーツパプリカ〉〈加賀蓮根ステーキ〉のすばらしさ。大阪の居酒屋はつねに向上を目指し、それを客は見ている。大阪のレベルは高い。

名酒

名料理

住所	大阪府大阪市中央区島之内1-14-15　天野ビル1階
電話	06-6120-7716
営業	18:00〜23:30（まで入店）／日曜・祝日〜22:00（まで入店） 月曜休
席数	カウンター10席　個室1（10席）
交通	堺筋線長堀橋駅より徒歩2分　御堂筋線心斎橋駅より徒歩8分
酒	羽前白梅ちろり純米吟醸5勺550円・1合1100円、阿部勘亀の尾純米吟醸5勺550円・1合1100円、磐城寿特別純米5勺400円・1合780円
料理	お造り盛り合せ3000円、貝柱のポテトサラダ580円、チャプチェ（韓国春雨）500円、手作り豆腐500円、山形庄内直送野菜料理500円〜、土鍋で鯛めし2000円、ゆうじの韓国冷メン900円

酒や肴 よしむら

酒も料理も いいとこどりで満員

大阪天満宮に通じる、どこか懐かしいアーケード商店街の中ほど、カウンター九席の小さな店は今日も満員だ。

山形〈原木椎茸おろしポン酢〉〈釧路自家製イクラ醬油漬〉〈長崎特上生穴子白焼き〉〈庄内野菜炭火焼〉〈京油揚焼き〉など、自分が通いたくなるような店をと決めた品書きがいい。〈愛媛熟成きじ肉〉は雉のそぎ切り肉ローストを塩だけで食べ、山形の菊花お浸し〈もってのほか〉が添えられる。

きちんと整髪したハンサムなマスターは、厚い胸板にオックスフォードの白ボタンダウンシャツが似合い、同じく白シャツの奥様はショートカットが素敵な美人。酒担当としては燗酒はマイ盃で必ず温度をみてから出す。お徳用〈三種利き酒セット〉は時々で変わって楽しみだ。

流れるジプシー系のBGMが雰囲気を盛り上げ、酒好きの連帯感がいっぱいだ。

名物料理

住所	大阪府大阪市北区天神橋1-12-22　昭和天一ビル1階
電話	**06-6353-4460**
営業	18:00〜23:00　日曜・祝日の月曜休
席数	カウンター9席
交通	南森町駅・大阪天満宮駅より徒歩7分
酒	川亀・鶴齢・風の森・天寶一・宗玄・菊姫ほか各種90㎖400〜550円、生ビール450円
料理	本日のお造り980円〜、長崎生穴子白焼き1380円、庄内野菜炭火焼680円〜、本日の焼魚680円〜、愛媛熟成きじ肉炭火焼（大）1380円・（小）780円、ぬた和え680円、自家製揚げたて厚揚げ520円、釜めし680円

近畿

蔵朱
くらっしゅ

お燗名人の技の数々

広い通りに面して大きな杉玉が目印。階段を上がったカウンター主体の小さな店に、酒への気合が満ちる。品書きには〈日置桜=燗上がりのダンディー〉〈辨天娘=魔性の生娘〉〈竹鶴=お燗とエロスの哲学者〉と遊び心意味不明の解説が。「飲んでいただければわかります」と意気軒高の太い眉の若主人は、日本酒はお燗で変わることに目覚め、様々な技法を開拓。適温設定、熱して急冷する燗ざまし、細く遠くから注ぐ「オカンタージュ」、さらにシェイクまで試した。「お燗は瞬間的な熟成です」の言葉に自信が満ちる。

肴は浪花の伝統野菜を中心に旬の魚などを様々に工夫。〈サワラの磯辺和え〉は燗酒にぴったりだ。まず酒を決め、それに合う肴を選んでもらうのもおもしろい。手伝う奥様は竜宮城乙姫様型の美人。すてきな夫婦居酒屋にぜひどうぞ。

住所	大阪府大阪市中央区南新町2-3-1 スタークイーンビル2階
電話	**06-6944-5377**
営業	17:30〜23:00／日・祝日15:00〜23:00 水曜休
席数	カウンター6席 小上がり2(各4席)
交通	堺筋本町駅・谷町四丁目駅より徒歩10分
酒	日置桜・辨天娘・竹鶴・睡龍各半合300円〜、生酛のどぶ半合450円
料理	お造り800円〜、大阪水菜と湯葉さっと煮500円、九条葱とよこわのぬた和え650円、白葱焼きびたし400円、田辺大根ふろふき600円、天王寺蕪かにあんかけ750円、ポテトサラダ450円、若ごぼう炒り煮500円、太ごぼう唐揚500円

佳酒真楽 やまなか
かしゅしんらく

日本酒の殿堂
居酒屋のVIPルーム

大阪の有名な酒販店「山中酒の店」の直営店。白い外壁のモダンなビルの四階。入口で靴を脱いで上がると板の間オープンキッチンのカウンター、奥に大小テーブルが並び、別荘サロンの雰囲気だ。

酒はさすがに圧巻。山中基康さんの目にかなった最新鋭日本酒の最優品が、最良の状態で格安で味わえる。料理も粋を凝らし〈紀州かわはぎ昆布〆〉〈大山地鶏岩塩焼〉〈蛤紙鍋〉など酒ごころを誘う。

小さな蔵のダイヤ原石のような酒をいくつも発掘応援してきた山中さんは、穏やかな中に強い信念を感じさせ、日本酒伝道師の雰囲気だ。温度の違う三つの保冷倉庫には日本中の銘酒が整然と保存され、二階では試飲購入もできる。ここはまさに日本酒の殿堂、居酒屋のVIPルーム。日本酒の最先端とすばらしさを知るために、ここほどすぐれた場所を知らない。

住所　大阪府大阪市浪速区敷津西1-10-19
電話　06-6635-3651
営業　17:00〜22:00（LO21:30）　不定休
席数　カウンター5席　テーブル20席　個室1（8席）
交通　地下鉄御堂筋線・四つ橋線大国町駅2番出口より徒歩7分
　　　今宮駅より徒歩10分
酒　　王祿（超辛口・純米中取り）100ml 290円、秋鹿 朴（木桶仕込生酛純米）100ml 340円、東北泉 色好い返事（吟醸生原酒）100ml 340円など全国の地酒70種以上
料理　海鮮と伊勢浅蜊の地酒パッツァ1300円、伊賀有機野菜の塩麹オイル焼き680円、子持ち鮎の甘露煮580円、甘鯛のカブラ蒸し菊花あんかけ880円、磯つぶ貝旨煮480円、丹波黒豆の白和え380円

近畿

名酒
名料理
名居心地

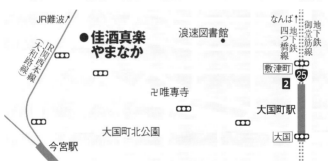

佳酒真楽 まゆのあな

ここから育て
若者の居酒屋修業

「山中酒の店」の山中さんが自店で修業した若者に「お前たちだけでやってみろ」と作ったのが「佳酒真楽 まゆのあな」。店名には「ここから育て」の意味がこもる。

まさに繭玉の内側のような前衛的ドームの店内に、大テーブルは酒を搾る酒糟の板、椅子は仕込みの「暖気樽」、そのカバーは搾りに使った袋の再利用と、酒蔵の空気が満ちる。全国銘酒はもちろん、河内鴨、三重つぶ貝、伊勢浅蜊など食は産地直送。煙突を立てたおくど（大竈）で炊く羽釜の、白ご飯と味噌汁のセットは人気だ。

着物にたすき掛け、きびきび働く若手たちは、酒、料理、サービスに明日の自分の居酒屋を夢見てまことに頼もしく、一声かけたくなる。修業を終えた歴代店長はそれぞれ独立し「味酒 かむなび」「燗の美穂」「日本酒餐味 うつつよ」と名店をつくった。

住所	大阪府大阪市中央区南船場1-9-23
電話	**06-6268-2005**
営業	17:00〜23:00（LO22:00）　日曜・祝日休（年末年始・不定休あり）
席数	カウンター8席　テーブル3　個室1（〜20席）　小上がり2
交通	長堀橋駅より徒歩5分
酒	東北泉特別純米90㎖420円、秋鹿純米大吟醸90㎖720円、宝剣超辛純米90㎖420円、王祿純米吟醸90㎖520円、東洋美人純米吟醸90㎖470円
料理	鳴門・村公一さんの鯛造り900円、津村さんの河内鴨の一品1200円、伊賀有機野菜を使った料理580円〜、土佐備長炭焼き450円〜、おまかせコース3100円〜

燗の美穂

その名に恥じない燗番娘

「やまなか」でながく修業した中村美穂さんが独立して作った店は、元珈琲店の豪華シャンデリアに、ジャンクな床板廃材、裸電球をぶつけた、バロックとアヴァンギャルドの対比が強烈だ。これは「やまなか支店を作ってもしょうがない、もっと自分を出せ」という師の教えだろう。しかしたちまち常連ファンがついた。

浅い朱塗り膳に三品のお通し。本日は〈空心菜と揚げの味噌炊き・ハモ子の玉子とじ・うるめ鰯一夜干し〉。肴は〈和歌山鯖きずし〉〈津村さんの河内鴨ロース〉など。料理の見えるカウンターが人気だ。

魅力の店名は「やまなか」先輩の命名、看板文字はいやがる山中さんを拝み倒して書いてもらったが、出来上がりを見てニンマリしたそうだ。その名に恥じないお燗つけは慎重そのもの、必ず盃で試飲する。おいらは美穂さん大好きです！

住所	大阪府大阪市中央区博労町2-6-14
電話	06-6281-8007
営業	17:00～24:00(LO22:30)／日曜15:00～22:00(LO21:00) 水曜・第3木曜休（年末年始・夏季休暇あり）
席数	カウンター14席
交通	長堀橋駅より徒歩6分・堺筋本町駅より徒歩8分
酒	辨天娘純米グラス500円、宝剣純米吟醸グラス550円、王祿純米生原酒グラス600円、日置桜純米グラス550円、竹鶴生酛純米グラス600円、神亀純米吟醸グラス650円、鶴齢純米グラス500円
料理	手造りとうふ500円、河内鴨ロースたたき1250円、じかせい一夜干し600円～、土鍋でたく季節ごはん980円、あさりととうふのみそ汁500円

名酒

名居心地

近畿

日本酒餐昧 うつつよ
にほんしゅざんまい

居心地良い板座敷でゆっくりと

山中さんに育てられ「まゆのあな」で三代目店長を務めた藤井さんは、二〇一一年に自分の店を持った。通りから階段を上がった二階は入口で履物を脱ぐ古民家改装の広壮な板座敷。離れの机席、さらに小階段を上る天井裏部屋は、丸くなって座る飲み会にぴたり。カウンターに立つ藤井さんはすっかり落ち着いた風格が出てきた。

今日のお通し〈新子生のり和え〉は瀬戸内の人が珍重する「くぎ煮」の小女子の新物。出身の香川でみつけてきた〈香川産新漬オリーブ〉が日本酒によく合う。

藤井さんは開店前日に香川から両親家族を招待、一年後に美人奥様は子を授かり目下子育て中。周囲に感謝を忘れない誠実さに上質の客が常連になっている。

物静かな店主を引き立てる、着物にたすきがけの美人燗番娘・通称かおりんのにこにこ顔にファン多し。私もまた。

近畿

住所　大阪府大阪市中央区本町3-2-1-2階
電話　**06-6281-8322**
営業　17:30〜23:30（LO22:30）　日曜・祝日の月曜休（年末年始・夏季休暇あり）
席数　カウンター8席　テーブル16席
交通　御堂筋線本町駅より徒歩3分　堺筋線堺筋本町駅より徒歩7分
酒　　会津娘純米吟醸グラス550円、群馬泉山廃純米グラス400円、悦凱陣純米グラス500円、山形正宗生酛純米大吟醸グラス1050円
料理　うなぎの肝ときゅうりのざくざく600円、身欠きにしんの山椒漬け480円、レバーパテと焼きりんご580円、大阪産河内鴨ロース造り1400円、香川県産豚肩ロース焙烙焼き2500円、チーズ糀漬け480円

名酒

名料理

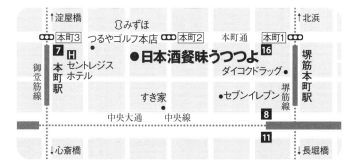

べにくらげ

若夫婦が満を持して開店

長い間「味酒 かむなび」の厨房を支えた昴佑君と「燗の美穂」の美人燗番娘・真由さんは、いずれ自分たちの店を持とうとそれぞれの場所で修業をかさね、二〇一五年、満を持して結婚入籍、合わせて「べにくらげ」を開店。名の由来は不老不死といわれる生き物に酒の力をかさねた。

浅い「ハ」の字カウンターを囲むモノトーンのモダンインテリアがすばらしい。練達の料理の質は〈お造り盛り〉ですぐわかり、〈青柳とうるいぬた〉〈真鯛カマ木の芽焼〉などゆるぎない。お燗番の真由さんは修業時代と打って変わったしっとりした着物姿。注文した酒の一升瓶は輪島漆の台で晴れ舞台のスポットライトを浴びる。

一升瓶ずらりの居酒屋然にしなかった高級感にたちまち上質の客が集まった。しっかりした計画をたてて理想の店をつくる。その見事な成果だ。

- **住所** 大阪府大阪市中央区本町橋5-4
- **電話** 06-7710-2698
- **営業** 18:00〜24:00　不定休
- **席数** カウンター10席　テーブル6席
- **交通** 堺筋線堺筋本町駅より徒歩5分　谷町線谷町四丁目駅より徒歩7分
- **酒** 寺田本家香取半合500円〜、奥能登の白菊半合500円〜、竹鶴半合500円〜、秋鹿半合550円〜　※日本酒常時20蔵元〜
- **料理** 造り1300円〜、のどぐろ塩焼1800円、スルメイカさんが焼900円、地鶏ささみ昆布〆600円、牛しぐれ煮卵黄醤油漬と800円、たら白子塩辛600円、凍みこんにゃく旨煮500円　※メニューは日毎変更

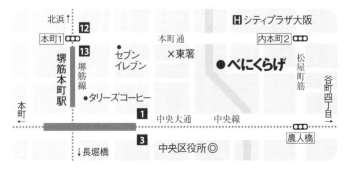

近畿

はちどり

気楽でありながら一級品のわけ

「燗の美穂」の美穂さんに山中の後輩です、行ってくださいと教わった店は大阪都島の住宅団地の一階。店主・真弓さんは「うどん屋が空いたので入った」と屈託ない。〈キンメダイ昆布〆〉は一日〆と五日〆の両方、〈魚の肝煮〉はコクと苦味が人気。評判のおでん、ラーメンは地元の魚屋やラーメン屋が世話をやいた結果とか。

辻調理学校で学び、山中でしっかり酒を勉強しながら、気取りや名店主張を持たず開いた居酒屋は、サンダルで入れる名居酒屋として地元ファンをがっちりつかんだ。中心街を外れた居抜きの店でも、優良な酒と肴、人柄よい店主であれば客はやってくる。大阪の居酒屋のすごさはこれだ。

店名「はちどり」は、山火事にくちばしの一滴を運んで消す鳥に「私は私のできることをする」と願いをこめた。その一滴をすくいに客がやってくる。

住所　大阪府大阪市都島区都島北通1-20-2
電話　**06-6929-8107**
営業　17:30〜24:00（LO22:30）　水曜休（不定休あり）
席数　カウンター7席　テーブル3席
交通　谷町線都島駅5番出口より徒歩5分
酒　　サッポロラガー赤星(中瓶)550円、旭菊大地半合450円、白隠正宗辛口純米半合400円、遊穂純米吟醸半合450円、奥能登の白菊純米半合450円、秋鹿朴半合500円
料理　お造り盛合せ1200円〜、こだわり出汁のおでん150円〜、伊勢赤鶏の手羽先燻製380円、セロリの甘酢漬け380円、自家製ポテトサラダ380円、大羽鰯の塩焼き480円、鰺の地酒パッツァ880円

寧(ねい)

都会の居酒屋センスはこれだ

都会感ある並木の坂道を半地下に入った「寧」はシンプルに広々とした和モダンで居酒屋の泥くささはない。

焼豚風塊の牛ツラミ肉（顔の肉）にオリーブオイルや何かのソースをかけて葱を盛ったお通しは、日本酒よりも四つ用意した前割り焼酎が合う。〈六子の黄身マヨネーズ焼〉は表面を焼いたケーキのようで感服。〈六子と季節野菜の煮凝り〉は煮穴子に焼茄子と白ずいきにジュレ。

黒髪を束ねて結んだ料理人とフロアの美人女性は兄妹のように見えるがご夫婦で、うらやましい。厨房の造りは和でなく洋でペチナイフとスプーンをあやつる。

日本酒と焼酎をメインに〈旬のおすすめ〉は二週間ごとに変わる。玄関に陶芸を飾ったモダンな店内は軽快で、これからの居酒屋スタイルだろう。大阪の居酒屋に新しいセンスが生まれている。

住所	大阪府大阪市中央区石町2-1-7 天満橋グリーンコーポラス001
電話	06-7174-3058
営業	17:00～24:00（LO23:00） 月曜休（年末年始休あり）
席数	カウンター9席 テーブル12席
交通	京阪・谷町線天満橋駅より徒歩3分
酒	サッポロ黒ラベル生（中）450円、ヱビス（中瓶）600円、旬の日本酒（東北泉・開春・七本鎗・三井の寿など）半合350～550円、焼酎（一粒の麦・吉兆宝山・佐藤・萬緑など）半合350～600円、前割り150ml350～550円、国産ワイングラス680円
料理	造り盛り合わせ1500円、旬のおすすめ料理480円～、湯葉しゅうまい680円、海老しんじょのパン巻き揚げ680円、自家製うにバター750円、猪豚850円、大山どり種鶏880円

近畿

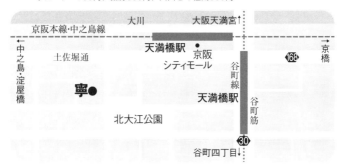

酒肴 哲
食い道楽
浪速っ子のつくる味

大阪で今人気は「ウラなんば」。殿堂会館「味園ユニバース」を中心に路地にどんどん机を置いた小さな居酒屋、立ち飲みがびっしり並ぶ若い人の盛り場だ。その一角、往年の大阪下町を思わせる二階建て瓦屋根長屋の一軒、カウンターだけの小さな「酒肴 哲」は人気でなかなか入れない。

湯気を上げるおでん槽はおつゆが大切。じゃがいもほどに大きい〈いわしのつみれ〉はそのつどタッパーの種を握って、おろし生姜を入れたおつゆで煮る「キングオブつみれ」。〈タコ〉も生をおつゆで煮る。おでんだけにあらず。何日も時間をかけた〈鱧のべっ甲漬〉〈鮪の風干し〉はこういう味を作り出したかと感嘆させる。

法善寺生まれ、食い道楽祖父の鯨のはり鍋で育ったという生粋の浪速っ子の主人は自分も酒好きでこうなったとか。大阪を代表するあて〈どて焼〉は必ず!

名料理

近畿

住所　大阪府大阪市中央区日本橋2-7-27
電話　**06-6633-3899**
営業　18:00〜24:00　水曜・第3火曜休（年末年始・夏季休暇あり）
席数　カウンター8席
交通　千日前線日本橋駅より徒歩7分
酒　　生ビール・瓶ビール各600円、地酒6種類1合750〜980円、焼酎（麦・芋・黒糖・米）水割・ロック450〜600円
料理　どて焼750円、鮪の風干し1200円、鯛のこぶ〆1200円、とうふのみそ漬500円、トマトのおひたし600円、おでん：いわしのつみれ750円、大根500円、とりのつくね400円、ベーコンとクリームチーズ750円

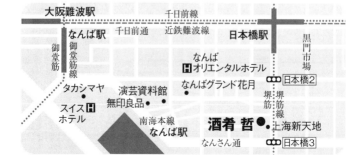

藤原
（ふじわら）

三宮で40年、二宮で20年
老練の味わい

三宮高架下の老舗居酒屋「森井本店」で四〇年も一人で包丁を握ってきた藤原さんは、阪神淡路大震災で店を辞めなければならなくなった。しかし食べてゆかねばならず、それまで仕事とは無縁だった奥様と一緒に、あまり人通りもない空きスナックを借りて再開。やがて藤原さんの味を知る常連が「みつけたで〜、生きとったか」と次々に訪ねてくるようになった。

壁を埋める手書きビラ〈きずし盛り〉〈子煮付〉〈穴子肝煮〉〈海藤花(タコの卵)〉など、申し訳ないような値段ながらその味の深さは六〇年のたまものだ。生きて商売続けられるだけで幸せと、ありあわせをどんどん添えてくれる気前のよさ。奥様の〈出汁巻〉は人気商品に。

あたりに店などないへんぴな場所の小さな居酒屋は、プロの料理人も通う、今最も神戸で予約のとれない店となった。

名居心地

住所　兵庫県神戸市中央区二宮町1-6-5　美澄ビル1階
電話　**078-242-3282**
営業　16:00〜20:00　日曜・祝日休（年末年始休あり）
席数　カウンター13席
交通　三宮駅より徒歩8分・タクシー3分
酒　　サッポロ赤星(大瓶)500円、ヱビス黒(中瓶)500円、菊正宗2合500円、白鹿2合500円、焼酎(麦・芋)グラス500円
料理　おさしみ盛合せ800円、きずし盛合せ(サバ・タイ・時には平目)600円、たこの子(海藤花)500円、あなごの肝煮500円、わけぎぬた400円、おから300円、生たこ焼700円、煮物盛合せ600円、

近畿

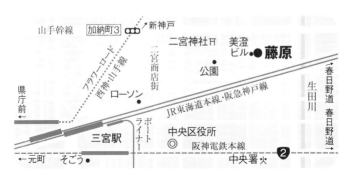

酒糀家（さかや）

カジュアルに日本酒を

裏東門街中ほどの居酒屋の地下に下りた床は本物の三和土。白木板を巧みに使う店内は、あまりカネはかかっていないようだが間接照明のセンスもよく、カジュアルな居心地だ。棚にずらりと飾る一升瓶は、有名銘柄を避けたかのように珍しいものばかり。それも本醸造に力を入れ、がちゃがちゃと一升瓶を運んで解説する。感心するのは酒専門に仕事する姿勢がわかることで、大切にする〈前菜盛り合わせ〉は、のれそれ、鴨ロース、煮茄子、小鰭などたしかにお徳用。それでは頼んだ〈お造り盛り合わせ〉も、鳴門鯛、サワラ焙り、金太郎イワシ酢じめなど良心的だ。

背高椅子のカウンターには日本酒うるさ型、大テーブルには若いグループ、奥の個室風には男女たちと、それぞれが場所を得て、店の人のきびきびした応対もいい。

住所	兵庫県神戸市中央区中山手通1-3-5　サンドストーンコート地下1階
電話	**078-322-3014**
営業	18:00～24:00（LO23:00）　日曜休　不定休
席数	カウンター6席　テーブル16席　小上がり8席
交通	三宮駅より徒歩5分
酒	臥龍錦松真精大吟醸・雪の茅舎純米大吟醸・天狗舞山廃純米大吟醸各100ml1500円～、瑞冠山廃純米大吟醸・奥丹波卓純米吟醸中汲み各100ml500円、気仙沼両国純米100ml500円
料理	天然鮮魚お造り盛り合わせ1400円～、京丹後産鹿舌の黒胡椒焼750円、でんすけ穴子白焼き850円、有機合鴨と水菜の旨煮950円、できたて厚揚600円、コース料理4500円～

近畿

吉訪
きっぽう

しなやかな
生酒専門の居酒屋

神戸北野坂裏は隣の東門街にくらべて落ち着いた雰囲気がただよう。居酒屋「吉訪」は日本酒の「生酒専門」にこの店の価値がある。火入れ（低温で発酵を止める）してない生酒はまだ酵母が生きており、低温管理しないと品質が変わってゆく面倒な酒だ。低温流通の発達で出回るようになったが昔は酒蔵でしか飲めなかった。

その味はフレッシュでしなやか、娘一四～一六歳の若い色気。私はこれをお燗にすると言うと驚かれるが、今火入れしていると思えばよいわけで、泡が立って生じるカカオフレーバーはたまらない。

「生酒が好きでいつのまにかこうなったんです」と笑う主人は、飾らない開けっ広げな気質にファン多し。〈さわらのヅケ〉あたりで、今大流行の夏酒（夏だけ出す吟醸生）いろいろを飲み比べ、彼の意見を聞くひとときがいい。

住所　兵庫県神戸市中央区加納町4-9-13
電話　**078-393-8003**
営業　17:00〜24:00（LO23:30）　日曜休（年末年始休あり）
席数　カウンター8席　テーブル1（4席）　小上がり2卓（9席）
交通　JR・阪急三宮駅より徒歩5分
酒　　しらぎく・雪の茅舎・開運・夜明け前・津月・瑞冠・天吹各純米吟醸グラス800円、刈穂・天狗舞各山廃純米グラス800円、喜多屋真精大吟醸・中三郎大吟醸各グラス1500円、日下無双純米大吟醸グラス1000円
料理　お造り盛り合わせ1200円、合鴨ロースト1200円、ふろふき大根400円、明石ダコ唐揚げ800円、スジオムレツ700円、米なすの田楽700円、鰯の梅しそ天婦羅600円、ポテトサラダ400円

近畿

丸萬
天国は昼からやっている

神戸市街少し先の福原。風通しのよい十字路角の、斜めに構えた玄関に白暖簾が下がる。白木L字カウンターもやはり角が斜め、机席も並ぶ明るい店内だ。ビラの品書きはみな安く、人気は〈サバの生ずし〉〈バッテラ〉〈すじどて〉。〈小芋煮〉はほっこり美味しに干し海老がごろごろして得した気分。単純な〈ゲソ焼〉も丁寧。人気は〈穴子酒蒸し〉と、注文すると喜んでくれる〈揚げ立てフライ〉だ。季節の〈ウオゼ煮魚〉は牛蒡に木の芽のじつに丁寧な仕事で、これで六〇〇円は全く申し訳ない。

白髪のお母さん、若い娘さんは愛想よく「ぬくめまひょか」「きれいに食べてくれてありがとう」と気軽に声をもらって嬉しい。

昼過ぎに開店。昼下がりのここは天国だ。おいらは九七歳の常連客と仲良しになった。東京スカパラダイスオーケストラ一行御用達とは、皆様お目が高い!

名居心地

住所　兵庫県神戸市兵庫区福原町27-5
電話　**078-575-4184**
営業　13:00〜21:00(LO20:40)　火曜休
席数　カウンター24席　テーブル24席　個室1(〜15席)　小上がり24席
交通　湊川公園駅より徒歩1分・新開地駅より徒歩5分
酒　　白鶴特撰0.8合410円・上撰0.8合340円、鉄幹(芋)・二階堂吉四六(むぎ)各グラス320円・ボトル3500円、チューハイグラス220円、瓶ビール(大)580円、生ビール(中)450円
料理　サバ生ずし300円、バッテラ500円、すじどて400円、出し巻き350円、焼き鳥各種300円〜、旬の刺身800円〜、フライ物各種400円〜、旬の焼き魚500円〜

酒商熊澤／ボンゴレ

センス良い立ち飲み、二階は貝づくし

ゆるい上り坂の鯉川筋の民家風板張りに白壁のしゃれた立ち飲み「酒商熊澤」は、きりりとした黒シャツの美人姉さんがカウンターに立つ。酒は紙に丁寧に書かれて迷うことはなく、また相談にものってくれる。

軽い肴は〈熊澤のポテサラ〉〈明石蛸のチャンジャ〉〈酒盗クリームチーズ〉、オレンジで熟成した生ハム〈グランカレ〉は香りがいい。古い門灯や長押を使ったインテリアは流行の和レトロモダン。客は若い女性が多く、そうなれば若い男もと、神戸のセンス良い人が集まっている。

奥の階段を上がった二階は同じ経営の貝専門居酒屋「ボンゴレ」でこちらは着席。ガラスケースは様々な貝が詰まり、貝好きにはたまらない。珍しい〈すだれ貝の酒蒸し〉は野生のセクシーを感じる。店内は空いた貝殻を飾る「貝殻愛」がいっぱい。私はムール貝の殻を一ついただきました。

住所　兵庫県神戸市中央区北長狭通4-4-15
電話　酒商熊澤　078-333-0087／ボンゴレ　078-331-0760
営業　酒商熊澤　15:00〜23:00(LO22:30)／日曜・連休最終日〜22:00(LO21:30)
　　　ボンゴレ　17:00〜／日曜・連休最終日16:00〜23:00（LO22:30）
席数　酒商熊澤　立ち飲み12人前後／ボンゴレ　カウンター6席　テーブル16席
交通　元町駅より徒歩3分
酒　　酒商熊澤　日本酒30種類グラス300円〜、てぐみ生スパークリンググラス600円
　　　ボンゴレ　クラフト麦酒640円〜、日本酒グラス380円〜、日本ワイングラス580円〜
料理　酒商熊澤　熊澤のポテサラ350円、明石蛸のチャンジャ300円
　　　ボンゴレ　魚貝お造り盛り合わせ1500円〜、あさりの酒蒸し800円、貝汁そば1100円

近畿

蔵(くら)

まほろば大和に艶光りする古い酒場が

小路の奥の暖簾は一字大きく「蔵」。そこに相合傘で「やすい うまい」と入る。

昭和二九年に始めた呉服問屋の蔵を使い、歴史の重みがしっかりただよう。長四角の店内ぴったりにコの字カウンターが回り、座ると後ろ板壁が背もたれになる。古い古いアサヒビールの扁額が立派だ。

満員の店内は賑やかで、隣の人は四〇年通っているそうだ。名物の〈きも焼〉は焼かずに濃いたれで煮詰めた逸品。ねぎをごま油で和えた薬味たれの刺身〈ねぎ塩カンパチ〉は傑作。おでんの〈白天〉は上品。

ある日初代おかみの堀口さんが能の老媼のように白割烹着で現れ拍手がわいた。大正元年生れ。その時すでに九〇歳を超え、中年客が手を握っていた。神様だ。お願いして手を握らせてもらう私の目から涙が流れた。神話のような居酒屋だった。

近畿

住所　奈良県奈良市光明院町16
電話　**0742-22-8771**　**0742-26-4744**
営業　平日17:00～22:00（LO21:30）　不定休
席数　カウンター16席
交通　近鉄奈良駅より徒歩10分　奈良駅より徒歩15分
酒　　アサヒ生ビール(小)450円・(中)550円、ハートランド生ビール(小)450円・(中)550円、貴仙寿2合800円
料理　きも焼(半量)500円、焼鳥800円、ねぎ塩カンパチ1080円、ねぎ塩奴500円、串かつ1本300円、おでん1品100～150円、松前寿司(さば寿司)時価(10月～2月)

名居心地

日本居酒屋遺産

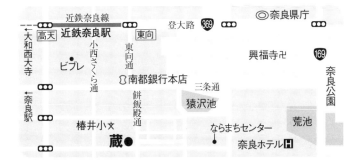

食遊 鬼無里
しょくゆう きなさ

並びに並ぶ
大皿料理の数々

飲食ビル二階奥の小さな店。カウンターに並ぶ大皿は〈穴子しらたき胡瓜酢の物・ニジマス南蛮漬・鶏手羽煮こごり・鰻とナスビの玉子焼・焼万願寺・ポテトグラタン・ラタティーユもどき〉等々、三列二二種が並ぶ。オクラの粘りと赤い明太子の〈オクラ明太子和え〉は重宝する一品。レンジで温めた〈カレイ煮〉は照り光りして酒がいける。見えているものから選ぶのは間違いがなく楽しい。〈イタリアンサラダ〉もあるから野菜を忘れるな。

「狭い店だから作っとく方がラクなんですよ」と笑う主人は、総髪を後ろに束ねて鬼瓦の如き形相だが、話し好きで愛敬たっぷりだ。珍しい店名は、若い時スキーに行った信州の地名で気に入り、いつか店を持ったら使おうと思っていたそうだ。

古都奈良は夜が早いと言うが、どっこい良い店がある。早く寝ちゃ損です。

住所　奈良県奈良市角振新屋町10　パーキング奈良2階
電話　**0742-22-5787**
営業　17時頃〜22時頃　不定休
席数　カウンター7席　テーブル8席
交通　近鉄奈良駅より徒歩5分・JR奈良駅より徒歩7分
酒　　生ビール・日本酒・焼酎・梅酒などグラスの大きさで値段設定
料理　南蛮漬け・グラタン・酢の物・とり唐揚・肉じゃが・くじら生
　　　姜焼き・だし巻き・揚げ出し豆腐(もち入り)・あさり酒蒸し・
　　　サラダなど時価　＊予算1人3000〜3500円前後

近畿

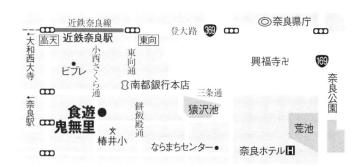

千里十里
ちりとり

紀伊水道の魚がずらりとそろう

市内の繁華街・ぶらくり丁の「千里十里」は昭和三〇年創業の魚料理居酒屋で、地元の魚好きが集まる。店のはるか奥まで長いカウンター前の、これまたずらりと長い品書きは壮観だ。

水流の速い紀伊水道・加太の魚は身が締まり、鯵、鯛はブランド品。時季の〈ほうぼう〉成魚は大きく美しい胸びれの下に足があって浜を歩き、釣り上げると「ボーボー」と啼くのでその名がついたという面白い奴。透明な刺身の甘味は最高だ。

そしてぜひ煮魚を。和歌山は醬油発祥の地、その醬油本位の〈まるはげ（かわはぎ）煮魚〉は箸が止まらない。さらに新鮮な魚でにぎり寿司もできるのがうれしい。

開業した父とともに立つ二代目は、元工業デザイナーという経歴をもつさわやかないい男。和歌山の名酒「雑賀」あたりで海の恵みを味わおう。

住所　和歌山県和歌山市元寺町1-70
電話　**073-433-4480**
営業　16:30～24:00（LO23:30）／日曜・祝日15:30～23:00（LO22:30）　月曜休
席数　カウンター16席　個室8
交通　JR和歌山駅・南海和歌山市駅よりタクシー10分
酒　　黒牛純米原酒900ml950円、さいかのさと吟醸900ml950円、和歌山ブルース（麦）1合700円
料理　地元天然さしみ5種盛1380円、加太の平あじ造り1050円、手作り白いごまとうふ450円、海鮮太巻1200円

長久酒場
ちょうきゅうさかば

これが本物の
土地に根づいた居酒屋

長久酒場こそ私の全国居酒屋巡りの原点となった店だ。およそ三〇年前に何気なく入り、クツ、セッタ、ツメバイ、ガシラ、アイなど不思議な地元の魚介を味わい、こういう土地に根ざす居酒屋が日本中にあるのではないかと思ったのだった。

おすすめはガスコンロで焼いてくれる自家製のウツボの生干しだ。精がつくので別名セガレタチウオ(判りますね)。もっちりした食感はアナゴよりも強靱で砂糖醬油がよく合う。カメノテは岩に張り付く貝のようなもので脂性のコクがある。カエル、鹿肉、スズメなど山のものもある。もちろんカワハギやカツオなどの刺身は涙もの。手づくりのカラスミは日本一と断じる。

大きなコの字カウンターに座ると、魚や貝の水槽、料理の手もとなどがみんな見え、台所で飲む楽しさだ。開店五〇年。これが本物の土地に根づいた居酒屋だ。

住所　和歌山県西牟婁郡白浜町3079-6
電話　**0739-42-2486**
営業　16:00〜23:00　木曜休(8月は無休)
席数　カウンター16席　小上がり8席　個室1(14席)
交通　白浜駅より車で10分　走り湯バス停すぐ前
酒　　長久(中野酒造)1合300円
料理　かつお刺800〜1000円、うつぼ焼1000円、つめばい1000円、せい1000円、皮はぎ刺3000円程度、自家製からすみ2000円

近畿

名料理

名居心地

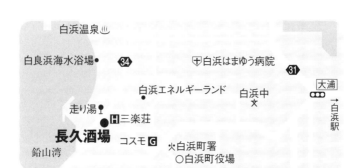

中国・四国

山陰の魚は冬がいい。
瀬戸内は優しい小魚。四国高知は
黒潮のカツオ。三つの海の魚を楽しむ。

小ぐり▼岡山　　　　　　田吾作▼益田
酒房 八重▼倉敷　　　　　美人亭▼高松
鬼の厨しんすけ▼倉敷　　　酒甫手▼高松
新粋▼倉敷　　　　　　　と丶喝▼徳島
たまがんぞう▼尾道　　　　とくさん▼徳島
なわない▼広島　　　　　　葉牡丹▼高知
桔梗屋▼米子　　　　　　　黒尊▼高知
やまいち▼松江　　　　　　ほづみ亭▼宇和島

　山陰側の鳥取・島根は名酒の産地で、酒の肴は日本海の魚とカニになるがカニは値段が高い。竹輪やカレイ一夜干しに風味あり。
　山陽側は瀬戸内海の小魚が中心だ。メバル、カワハギ、カレイなどの煮魚は付け合せに豆腐が入る。岡山はサワラにこだわり、春にはイカナゴ釘煮だ。どこにでもあるイワシの素裂きはたいへんおいしく、明石のタコは日本一。きどらない魚料理で一杯やる良さがある。カキは殻つきの生が主流になったが、広島のポン酢で調味した酢ガキはやはりよいものだ。
　背中合わせの四国四県はそれぞれ異なる風土と気質を持っている。香川は瀬戸内の魚と、飲んだ後はもちろんうどん。徳島は紀伊水道でもまれた鳴門鯛が揚がり、刺身にはスダチが欠かせない。愛媛はじゃこ天がうまい。
　四国の居酒屋天国はやはり高知だ。カツオやウツボのタタキで、男も女も豪快に酒を飲み、開放型の気質はこちらも痛快な気分にさせる。

小ぐり
腕自慢の板前割烹で一杯

岡山や大阪の名割烹で修業し、自らの名で開いた「小ぐり」は今や西日本有数の名店となった。長角盆の並ぶカウンター、ゆったりと大人の店内は風格がある。

毎日書く正面の長い巻紙品書きは、旬のあらゆるものが並び目移りして困る。季節の〈女べか〉は可憐な子持ち小イカの刺身。平貝〈タイラギ〉は軽く焙って木の芽味噌。銀皮を残した大きなブロックを金串で焙った〈鰆叩き〉は季節の薬味満載の岡山の代表料理。播州龍野の昔の香りの醬油を使う〈コロ鯛煮付け〉に我を忘れる。

腕もメガネの縁も太い主人は手が空くとつねに仕事場周りを磨きあげ、自分のこの場所が大好きでたまらないようだ。おだやかな瀬戸の海に面した岡山は魚も野菜も豊富なところで、その象徴がよそに較べて圧倒的に具の多い〈ばら寿司〉だ。小ぐりの注文ばら寿司を食べてみたーい。

住所　岡山県岡山市北区表町2-6-27　鳴門ビル1階
電話　086-222-5996
営業　17:00〜23:00(LO22:00)　日曜・祝日休
席数　カウンター9席　個室2(各6席)
交通　JR岡山駅より徒歩20分・タクシー7分
酒　　喜平本醸造1合600円、十七文字翠星盃1合800円、鍋島1合1200円、凱陣1合1200円、天山1合1000円、白菊1合900円、生ビール・グラス600円、ワイン赤・白グラス各550円　＊焼酎常備30種類
料理　鰆叩き1300円、めばる煮付1200円、黄ニラ玉子とじ800円、和牛カツ1800円、五島うどん800円、コース3800〜10000円

酒房 八重
しゅぼう やえ

昔ながらの料理屋の良さ

倉敷美観地区はずれの高砂橋、重厚な瓦屋根に立派な扁額の風格ある一軒家。網代天井、細割竹腰壁、砕石研ぎ出しの床、障子窓など昔ながらの料理屋に野花が活けられる。紺暖簾「瀬戸の魚料理」どおりガラスケースはぴかぴかの魚でいっぱいだ。

名物ままかりは頭と腹をとった酢漬けの他に、丸ごと素焼きを酢漬けした〈焼ままかり〉の野趣もいい。近くの下津井港の名高いタコは蟹を食べるので味が良い。煮魚好きには〈ゲタ煮魚〉は必食だ。

五〇年以上続く老舗で、先代おかみは毎朝五時から水を汲み、玄関周りを磨き上げるなど全てにきちんとした行いが「あれほどできた人はいない」と一身に尊敬を集めていたという。その躾けを守る板場の兄弟、古風な明治風長エプロンの女性はまことに清々しい。カップルにもご夫婦にも、絶対安心してお奨めいたします。

住所　岡山県倉敷市本町5-14
電話　**086-422-1626**
営業　17:00～22:00(LO21:40)　日曜・祝日の翌日休(年末年始・お盆休あり)
席数　カウンター12席　テーブル3　個室2(～12席)
交通　倉敷駅・倉敷市駅より徒歩12分・タクシー4分
酒　　瓶ビール(大)700円、燦然2合600円、萬年雪冷酒500㎖2500円、備前蒼海冷酒300㎖900円、焼酎(芋・麦)グラス500円
料理　瀬戸の魚の刺身1500円、特製生揚500円、岡山名物ままかり400円、瀬戸内の煮魚1000円～、旬の地元の野菜料理各種時価、コース4000円～

名居心地

鬼の厨 しんすけ

文化財の長屋で鬼の宴

倉敷の重要文化財・大橋家住宅の長大な長屋門の一部を使った居酒屋で、履物を脱いで板張りに上がる。厳重な防災施設のある天井は昔の木組みが興味深い。

毎朝とどく瀬戸内の魚は数人の料理人が目の前のカウンターで捌いてゆく。サワラはもちろん、時季の飯蛸、大造エビ塩焼、日本一のシャコは最高。日本酒銘柄およそ五〇種、焼酎八〇余がそろう。

胴長短足の柔道型体形に禿頭猪首、ぎょろ目の主人は鬼瓦顔だが、どこか人なつこい。変わった店名は「お前の顔は、先に名乗っておいた方がよい」と仲間がつけた。

中庭が夕暮れて、板の間にかがり火行灯が灯るとあたかも鬼の宴、働くのは大鬼・小鬼・娘鬼。主人は若い女性客に「シンスケくーん」「はい!」とはせ参じて人気だ。まさに童話の『泣いた赤鬼』。鬼は鬼でも善人の鬼でした。

住所　岡山県倉敷市阿知3-21-32
電話　**086-434-9966**
営業　11:30〜14:00(LO13:30)・17:00〜23:00(LO22:30)　第一日曜休(年末年始休あり)
席数　カウンター4席　テーブル30席
交通　倉敷駅・倉敷市駅より徒歩5分
酒　　萬年雪純米1合1200円、月に雁純米大吟1合1500円、酔鯨純吟1合1200円、月弓かほり純吟1合800円、くどき上手純吟1合1000円、九平次純吟1合1000円、越乃景虎純吟1合1500円
料理　サワラのお造り1260円、シャコのお造り(3尾)945円、ママカリの酢物630円、黒メバル煮付1470円〜、ノドグロ塩焼1890円〜、オコゼ唐揚1470円〜、大造エビ塩焼630円

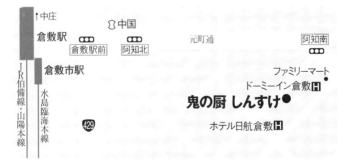

新粋
しんすい

倉敷の路地の粋な居酒屋

倉敷は美観地区だけ見て帰るのではもったいない。並行する本町通りは人々が住む昔ながらの街道町で、暮れなずむ頃の点々ともる行灯は夢のように美しい。

その中ほどに赤提灯を掲げる「民芸茶屋新粋」は大正六年の料理旅館が創業。中は右に大きなL字カウンター、左は机席。カウンターに並ぶ大皿料理から選びながらの一杯がいい。春先はなんといっても〈子持ちいいだこ煮〉〈いかなごくぎ煮〉が瀬戸内の味だ。〈べらた〉とあるのは、のれそれ〈穴子の稚魚〉で酢みそでいただく。

倉敷の良さは「路地文化」と語る主人・源忠臣さんは陶芸や木工もこなし「料理もできます」と笑わせる。品書きの流麗な筆字もこの方だろう。カウンター上の棚を一周する四〇〇を超える盃は自然に集まってきたそうだ。美しい倉敷の雰囲気にひたって盃を傾けるのに最適な店。

住所　岡山県倉敷市本町11-35
電話　**086-422-5171**
営業　17:20〜22:00　日曜休（連休の日曜は営業）
席数　カウンター13席　テーブル3　個室3　囲炉裏1
交通　倉敷駅より徒歩12分
酒　　生ビール500円、荒走り500ml2100円、磯千鳥1合8勺550円、吟粋大吟醸オリジナル360ml1800円、一徹純米吟醸オリジナル360ml1300円、激辛300ml800円
料理　季節の刺身盛り合わせ1000円、真面目な胡麻豆腐420円、あなごの一本揚げ720円、夏期限定冷やしトマト320円、おでん150〜300円、ウキソメバルの煮付け900円、たこの柔煮650円、カレイの空揚げ650円

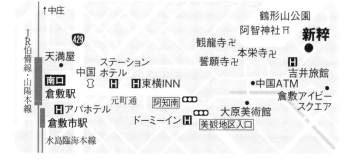

たまがんぞう

見下ろす波止場は
ロマンチック

尾道の海岸通り、煉瓦ビルの一階事務所はレトロ雑貨屋もあり、夜は二階の居酒屋が開く。広島銘酒「天寶一」の陶器樽や商家看板など古物を飾った店内はノスタルジック。古い茶簞笥や湯気を上げる蒸籠など、若い人が日本の昔の生活に共感している様子が好ましい。

店名は尾道名物「でべら＝タマガンゾウビラメ」のことで、軽く焙ると最高。むするのが上手にやってくれる。瀬戸内の魚を中心に工夫された酒の肴が気が利き、ガラス小瓶の〈尾道ぷりん〉は、日本一のレモン生産・生口島の青レモンシロップがついて目が醒めるおいしさ。

カウンターに座り、暮れなずむ瀬戸内の夕景を広い窓から見て一杯やるのは最高だ。対岸の向島に行き来する渡船に、電飾を海にゆらゆら映し龍宮船のようだ。旅のロマンチックを最高に味わえる。

住所　広島県尾道市土堂1-11-16　2階
電話　**0848-29-4109**
営業　17:00～24:00(LO23:30)／日曜～22:00(LO21:30)／日曜・祝日のみランチタイム(穴子ひつまぶし)11:30～14:00　月曜休(祝日の場合は翌日火曜休)
席数　カウンター10席　個室7(各5席)　小上がり9席
交通　尾道駅より徒歩5分
酒　　天寶一・黒龍など各140㎖650～700円、さつま寿・川越・六代目百合など各90㎖400～500円
料理　お造り盛り合わせ(5種・2人前)1800円、でべらの干物炙り200円、バーニャカウダ780円、因島太刀魚塩焼780円、地穴子のひつまぶし1500円、旬の野菜せいろ蒸し680円

なわない

密度濃い居心地は
今宵も人気

ビルの地下。白壁に穴をぶち開けた強烈な入口をまたいで入ると、古材を使ったカウンター、机席。古箪笥や古道具が雰囲気をつくる店の雑多な雰囲気がいい。奥隅の狭い小上がりはおすすめ。

広島地酒に全国銘酒がそろう。瀬戸内の海の幸ずらりの中で最強のおすすめは、足がはやい(傷みがはやい)ため地元でしかできないピカピカの〈小いわし刺身〉手開き。さらに絶品〈鯛かぶと煮〉も我を忘れる。あと一つ"この界隈だけ"の名物〈ウニホーレン〉とは何か、お楽しみだ。

カウンター隅で独酌する主人はお化け屋敷を作って全国を回っていたという変わり種。「旅で飲む酒がよくてね」と話すおだやかな口調に一緒に飲みたがるファン多し。ここは広島の若く面白い面々の集まる店、客の美人度かなり高し。

というわけで広島に「なわない」あり!

住所	広島県広島市中区銀山町12-10　藤観ビルB1階
電話	**082-248-0588**
営業	18:00～24:00　第1／3日曜休(年始休あり)
席数	カウンター10席　小上がり6席　テーブル16席
交通	広島電鉄銀山町電停より徒歩3分
酒	金泉正1合800円、豊盃正1合800円、神亀正1合800円、飛露喜正1合800円、一白水成正1合700円、他広島地酒10種、全国地酒20種
料理	小いわし(刺身600円、天ぷら600円、塩焼500円)、かき700円、はも900円、自家製地さばの酒盗丁600円、いかのゴロ焼1000円、地あなご白焼1200円、地鶏にんにく醤油焼700円

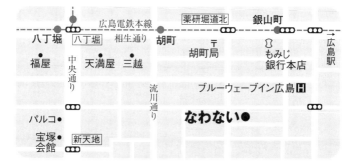

桔梗屋
酒も料理も山陰を満喫する名店

一人の店で誠実な仕事を続けていた若主人は平成一八年、奥様を迎えると同時に満を持して新店を構えた。通りからやや引っ込んだアプローチは期待を高め、玄関を開けると別世界がある。注文はコースをすすめる。初めの七種ほどの一口盛りだけでも旬の海山川を心ゆくまで楽しめ、続く料理の丁寧な仕事はうなるばかりだ。

料亭ながら大カウンターを置いた板座敷は、居酒屋の心を忘れず対面で思う存分腕をふるいたい主人の面目躍如。地酒「辨天娘」総揃えなど銘酒も充実している。

正面の書額「桔梗屋」は一八歳で入った滋賀の名料亭「招福楼」師匠の筆。玄関番と庭掃除から始めた八年の修業は実った。明智光秀の紋をいただいた桔梗紋は箸置きにも使われ、花言葉「誠実」は師匠に最も言われたこととか。素材も酒もじつに豊かな山陰を存分に味わえる名店。

住所	鳥取県米子市角盤町2-63-2 真田ビル1階
電話	**0859-37-2366**
営業	18:00～22:30 日曜休
席数	カウンター8席 個室1(8席) 小上がり6席
交通	JR米子駅より徒歩15分
酒	辨天娘常時8種類各グラス520～630円・日置桜グラス520円・山陰東郷グラス630円ほか常備40種類前後、瓶ビール(中)630円、生ビール・グラス630円、焼酎常備30種類前後(九州中心)各グラス500～600円
料理	単品各種ほか季節のコース4200円・5250円・7350円など

名酒

名料理

名居心地

やまいち

橋のたもとは
理想のロケーション

水の都松江。満々と水をたたえる大橋川の新大橋たもとの店。ガラスケースの鮮魚はみなすばらしいが、まずは宍道湖七珍のひとつ〈モロゲエビ〉。一〇センチほどのを串に刺し、軽く焙ったのを殻ごとカリッとやると、天然ものだけがもつ愛らしい味に顔がほころぶ。小さな赤貝のようなサルボウ貝は赤貝缶詰のラベルのあれで、煮付けの素朴な味に箸が止まらない。おでん舟のつゆで温めた白イカ、春菊は心までほっとする。飲んだ最後はもちろん宍道湖ヤマトシジミの味噌汁と白いご飯で降参だ。

先代を継いだ息子とお母さんの、小さい店の温かな居心地がいい。さらに最高は、店を出て川風に当たりながら眺める名橋・松江大橋越しの夕景だ。大空いっぱいのあかね雲は日本一の名に恥じない。年来の望み、橋のたもとの名居酒屋がここにあった。

住所　島根県松江市東本町4-1
電話　**0852-23-0223**
営業　16:30〜21:30（LO21:00）（日曜は21:00までLO20:45）
　　　不定休
席数　カウンター9席　個室1（8席）　小上がり2（8席）
交通　松江駅より徒歩15分・車5分
酒　　豊の秋（純米吟醸）1合600円、焼酎（芋・麦）各グラス400円、
　　　ビール（ヱビス中瓶）600円、生ビール（ヱビス中）600円
料理　宍道湖七珍（しじみ、白魚、公魚、もろげ、うなぎ、ふな、
　　　すずき）や日本海の新鮮な魚貝類など500円より　おでん
　　　（通年）100円〜

田吾作
た　ご　さく

天然自然を
ここまで追求

市内を少し離れた山すその、築六〇年の大きな民家一軒まるごとの居酒屋。靴を脱ぎ階段を下りると巨木のカウンター。脇の巨大水槽には漁港から毎日トラックで運ばれる活魚が回遊する。網で掬われ俎板でぴしゃぴしゃ跳ねるのをスイスイ切った完全透明活イカは舌に貼り付き、甘みに恍惚となる。殻のとげをうねうねと動かす活ウニ、薄絹のごとき活ヒラメ、そのコリッとしたエンガワ。自分の畑からそのつど抜く野菜、山採りの山菜。まだ温かい自家製豆腐などなど、すべての食材は生きた天然自然ばかり、間違いのないものを食べている圧倒的な幸福感に満たされる。

煙突のかまどに羽釜がはまる広大な庄屋屋敷のような台所の煮炊きを眺めながらの酒は「豊饒」の一語だ。いくつもある奥座敷も豪壮。食の自然を味わいに一泊旅行で行く価値のある偉大な店。

住所　島根県益田市赤城町10-3
電話　**0856-22-3022**
営業　12:00〜24:00（LO23:00）　不定休
席数　カウンター6席　個室8（各2〜8席）
交通　益田駅より徒歩10〜15分・車5分
酒　　宗味・扶桑鶴（燗酒）1合460円、純米扶桑鶴（冷酒）300ml1550円、純米吟醸田吾作（冷酒）720ml3400円、大吟醸宗味300ml1550円、純米大吟醸㊙300ml2160円
料理　おさしみ定食2160円、いか丼1650円、あじ丼1650円、海鮮丼1650円、いか刺2160円、ふぐ（12月〜2月）時価
　　　その他手作り豆腐や季節の魚料理、島根和牛料理など

名料理

名居心地

美人亭(びじんてい)

瀬戸内の魚をおいしく食べさせる

飲食店ビル一階の奥。瀬戸内小魚料理とあるとおり魚がすばらしい。小さなカウンター左右いっぱいのガラスケースに魚が詰まる。もちろん切身ではない。シャコエビという大きな茄でシャコを初めて食べたが、手で殻を剝くのがもどかしいほどおいしい。オコゼを注文すると、おかみは「市場で今日はこれ見つけて嬉しかったのよ」と手にとり「こんな軍艦にぶつかったような顔してるけど、おいしいのよ」と笑う。その生肝のうまいことうまいこと。きまったメニューはなく毎日市場でよい魚を見つけ、持ってくるそうだ。

我を忘れて平らげた、ゲタ（舌ビラメ）の煮付をほめると、魚がいいからとけんそんする。「それもあるけど、煮方ですよ」「あはは、嬉しいわあ」と細い目をさらに細くした。店名は、美人のお方とどうぞの意とか。いえそこにいらっしゃいます。

住所　香川県高松市瓦町2-2-10　イングスプラザ1階
電話　**087-861-0275**
営業　17:00〜22:00　日曜休
席数　カウンター7席　小上がり10席
交通　高松琴平電鉄線瓦町駅より徒歩5分
酒　　金陵1合350円・2合600円
料理　旬の小魚、地物中心。めごち天750円、まながつお照焼850円、あいなめお造り・唐揚各800円、かれいお造り・唐揚各850円、小えびの塩ゆで300円、あなご天ぷら800円、めばるお造り850円、おこぜお造り950円、めおりいかお造り850円

名料理

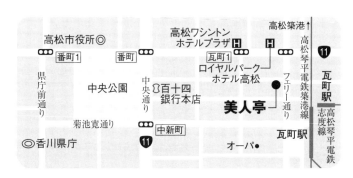

酒甫手(さかぼて)

お雛様夫婦がお相手する

おしどり夫婦の居酒屋「酒甫手」は日本各地の優等生銘酒が三〇種以上も並ぶ。大薬罐とセットになっている銅の特大酒燗器は奥様の実家の蔵にあったものをご主人が見つけたそうで一見の価値あり。黒板品書きは厳選されたものばかり。春の〈地海老のかき揚げ〉は空豆を抱かせ桜色と緑が春の色だ。〈いいだこ粕漬〉は一度煮て粕に漬け、コクがある。〈あさり豆腐〉〈いかなご塩焼き・天ぷら〉もおすすめだ。

民芸風の奥に長いカウンターは隅々まで清潔なのがとてもいい。そこに奥様心づくしの品を飾る、茶簞笥の一番上を部屋にして飾るお雛様はぼんぼりに明かりが入って夢の世界。頼もしいご主人は菊池寛・中西太・大平正芳系の典型的な讃岐顔。お内裏さまのような夫婦仲の良さが店を温かくしている。「酒甫手」は江戸時代の酒造免許のこととか。

住所　香川県高松市鍛冶屋町6-4　福崎ビル1階
電話　087-851-1511
営業　18:00～24:00（LO23:00）／土曜15:00～22:00
　　　（LO21:00）　日曜休（年末年始休あり）
席数　カウンター12席　テーブル8席
交通　JR高松駅より徒歩15分　琴電瓦町駅より徒歩10分
酒　　悦凱陣1合900円、石鎚・山笑・生酛のどぶ・玉櫻・日置桜・冨玲・辨天娘・山陰東郷各1合800円、川鶴・文佳人・奈良萬各1合700円　※日本酒35種類常備。焼酎・ビールあり
料理　お刺身盛合せ1300円～、油揚げのねぎしょうゆ焼450円、ねぎ味噌春巻450円、いわしの梅風味揚げ500円、たまご焼500円、串焼2本300円～、若鶏のにんにく焼650円

中国・四国

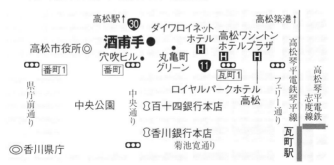

とゞ喝

鳴門の鯛の
すばらしさ

紺屋町の格子戸に〈徳島魚問屋〉と入る「とゞ喝」は落ち着いた料亭。当店代表は鳴門海峡渦潮にもまれた〈鳴門鯛〉で、刺身は噛むほどに味が増し、醬油は香りづけだけの酒蒸しはやはり魚の王様で、これだけを食べに毎年来る客がいるとか。時季の〈渡蟹〉は丁寧に身をほぐして出し「味で選ぶなら渡蟹」を納得。〈おこぜ〉は薄造り（甘み透明）、肝（コク）、胃袋（弾力）、皮（ゼラチン）、最後は唐揚げだ。

大阪出身の主人は徳島の料亭で修業するうちすっかり地魚にほれ込んで、一〇年修業の後、大阪に帰らずここで店を持った。徳島の魚や野菜の良さをもっともっと知らせたいと熱をこめる。四国八十八ヶ所巡礼を歩き、これを世界遺産にと言う説にひざを打った。私も少し歩いたが、自然や土地を体感して歩く巡礼のスケールの大きさはふさわしいと。

住所　徳島県徳島市紺屋町13-1　とゞ喝ビル1・2階
電話　088-625-0110
営業　17:00～23:00（LO22:30）　日曜休（お盆・連休の日曜は営業）
席数　カウンター10席　テーブル3　個室7　小上がり3
交通　徳島駅より徒歩20分・タクシー10分
酒　　プレミアムモルツグラス600円、芳水純米大吟1合1300円、今小町純米大吟1合1400円、鳴門金時(芋)ボトル3000円～
料理　刺身盛りあわせ2000円、おこぜうす造り3000円～、ワタリガニ5000円～、穴子照焼1470円、胃張・がしらなど煮付1500円～、おこぜ唐揚げ1500円～、鯛めし2～3人前3240円

中国・四国

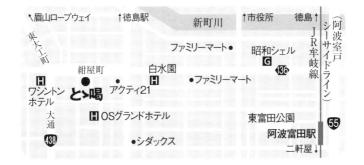

とくさん

八十八ヶ所巡りの精進落とし

徳島の名物居酒屋はここ。「居酒屋とくさん」と白抜きした水色襟の紺はっぴが決まる老練な大将の、はげ頭に細く巻いた豆絞りねじり鉢巻きは、阿波踊りの時と同じだそうだ。

お目当て阿波尾鶏は、やきとり・手羽先・もも照焼。鍋は、もも・むね・手羽先・つくねが入り、ジューシーにして適度な弾力の食感が楽しめ、そのスープは本当にこれだけで酒が飲める。最後の雑炊は言うまでもない。奨められた、酢橘スライスに「鳴門うず塩」をほんの少しつけてかじるあては、地酒「芳水」がぐんとうまくなり「もう何もいらない」。

大将はJR直営の「居酒屋0番線」をながくやってここを開いた。阿波踊りは二拍子とちょっと手をかざす姿はさすがにぴたりと決まる。酔って店で踊り始める客は多いそうだ。徳島よいとこ、うまいとこ。

住所　徳島県徳島市寺島本町西1-42　野々瀬ビル1・2階
電話　088-654-1930
営業　17:00～23:00（LO22:00）　日曜休（年末年始休あり）
席数　カウンター8席　テーブル4　個室3（8席・20席・40席）　小上がり30席
交通　徳島駅より徒歩2分
酒　　キリンラガー（中瓶）550円、芳水1合400円、ありがとう1合750円、鳴門鯛純米原酒720ml3000円・吟生300ml900円・吟醸しぼりたて生原酒720ml3200円、鳴門金時（芋）水割り400円
料理　刺身盛り合わせ1200円、阿波尾鶏焼鳥2本420円、阿波尾鶏鍋1人前1800円、ガガネ・メバル煮付け700～1200円、徳島産さつま芋（鳴門金時）天ぷら500円、ガガネ唐揚550円～

葉牡丹
(はぼたん)

4時にはぎっしり みんな飲みすぎ！

奥に深い大きな店はカウンターが二カ所、机がすき間なくおさまり二階もある。そこを客が埋め尽くしガンガン飲んでいる。まだ四時ですよ。薄く刈上げ、頂上だけ少し毛を残した主人は大将と呼ぶのが似合いそうで時々ぼそりと面白いことを言う。

大将のお父さんが、若いころカツオのタタキを売りに出た大阪で串揚げをおぼえ、それで五〇年前に屋台を始めたのが出発なのだそうだ。今の店は「頑丈に作りました、いくら暴れても大丈夫なよう」と笑わせる。

コップ酒に煮込み豆腐がうまい。

店をてきぱき切り回すのは皆おばさんたちで、「男がお酒飲むのはしょうがないでしょう。なら手伝わなきゃ」と割りきっているかのようだ。男が飲むだけかと思ったが、女性グループがどやどやと来て、「女だけでも来るんだ」と呟くと、大将がぼそりと「高知じゃもん」と言った。

住所　高知県高知市堺町2-21
電話　**088-823-8686**
営業　11:00～23:00（LO22:30）年中無休
席数　カウンター22席　テーブル20席　掘ごたつ80席　座敷50席
交通　土佐電鉄線はりまや橋電停より徒歩5分
酒　　松翁2合432円、土佐鶴・純平(本醸造)・船中八策(純米・超辛口)・雪柳(にごり酒)・ダバダ火振(栗焼酎)・仙頭(米焼酎)・他高知の地酒各種有り
料理　串かつ287円、若鶏串焼348円、親鶏串焼287円、くじらかつ1644円、かつおタタキ1028円、くじらタタキ1542円、刺身盛り合わせ1080円、オムライス668円

中国・四国

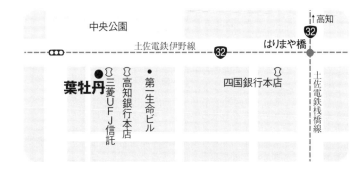

黒尊
くろそん

野生の高知の息吹がただよう

高知市中心街を少しはずれた「宵まち横丁」は小さな飲み屋の並ぶ地元ご用達の古い小路。高知で今人気の〈鰹の塩たたき〉はここの「黒尊」が元祖だ。

藁で焙ってちり酢でぴたぴた叩くのが正調鰹たたき。塩たたきは鰹サクに粗塩を振って高熱ガスでガーと表面を焼き、すぐ切る焼き切り。外側のじゅうじゅう焼け焦げた香りとまだ冷たい赤身の生臭みに、生ニンニクが最高に効果をあげる。必ず途中で「そろそろ焼きますか」と塩たたきの入る〈刺身盛り合わせ〉がお徳用だ。

店名は目が精悍な主人の出身地、四万十川上流・黒尊渓谷のこと。高知は太平洋のイメージが強いが、後背の山脈は今なお野生の息吹が残る秘境。弟さんの撃った鹿肉が出ることもあり、店には頭蓋骨が飾られる。最後の清流・仁淀川の鮎もぴかぴか、もちもちしたウツボのたたきも忘れるな。

住所　高知県高知市本町3-4-18
電話　088-873-2624
営業　17:00~21:00　日曜・水曜・祝日休
席数　カウンター11席　個室2(~20席)
交通　土佐電鉄大橋通駅より徒歩1分
酒　　美丈夫1合500円ほか吟醸・大吟醸・古酒・純米・吟醸うすにごりなど、ユズ・山もも・ポンカンの酒など
料理　基本的に飲み物込みのおまかせ5000~6000円(カツオの焼切り、土佐の地のもの、旬の食材など)

中国・四国

ほづみ亭(てい)

豊後水道の魚と不思議な料理

市内の川の橋たもとに七〇年続く料理旅館（今は料亭）の正面玄関右は、別のれんの気軽なカウンター居酒屋だ。

九州・四国間の宇和海と太平洋深海流がまじる豊後水道の魚種の多さは日本一と主人が言う通り魚は壮観。冬から春のカワハギ、清水鯖、ヨコワはいずれも透明感のある旨みも濃い絶品。宇和島といえば〈じゃこ天〉、〈ハランボすり身は「揚げ」と「焼き」があり、みっしりした身はさすがにうまい。〈鯛めし〉は炊込みではなくタレ漬け刺身のぶっかけ生卵入り。〈ふくめん〉は細切りコンニャク煮にエソのそぼろ・葱・ミカンの皮を覆面のようにかぶせたもので祝儀に欠かせないそうだ。他にも〈伊予さつまめし〉〈丸ずし〉〈ふかの湯ざらし〉〈太刀魚竹巻〉など珍しいものばかり。はるばる訪ねた港町は魚の王国で、不思議な郷土料理がたくさんあった。

住所　愛媛県宇和島市新町2-3-8
電話　0895-22-0041　0895-25-6590
営業　11:00～13:30　17:00～23:00（LO21:30）　日曜（連休時は最終日）休
席数　カウンター8席　個室10（全150席）　小上がり8（全60席）
交通　宇和島駅より徒歩3分
酒　　虎の尾グラス600円、京ひなグラス550円、泰山グラス550円、伊予の恋心300ml850円、くり媛囃子（焼酎）グラス450円・ボトル3200円　焼酎常備15～20種
料理　活ハギ刺（2人前）1500円、鯖刺950円、うわじまあじ刺950円、うわじま産からすみ750円、ほご煮付け・からあげ1200円～、じゃこ天各種400円～、うわじま鯛めし950円

名料理

九州・沖縄

焼酎王国九州は肴も焼酎に合わせる。
泡盛の沖縄は
魅力の居酒屋パラダイス。

さきと▼福岡
寺田屋▼福岡
おでん安兵衛▼福岡
武蔵▼小倉
朱欒▼長崎
安楽子▼長崎
こいそ▼長崎
こつこつ庵▼大分
チョロ松▼別府
瓢六▼熊本
和食 島崎▼熊本
入福▼天草
味乃さつき▼鹿児島
一村▼奄美
ゆうなんぎい▼那覇
おでん東大▼那覇
うりずん▼那覇
森の賢者▼石垣島
ぼうちゃたつや▼宮古島

　九州は、福岡あたりはよい地酒もあり、まだ日本酒を飲むが、圧倒的に焼酎圏で、九州では酒といえば焼酎のことだ。焼酎は今や全日本に広まったが、本場では昔から何も変わらずお湯割りで愛飲し、焼酎とのおだやかなつきあい方は一歩も二歩も上手である。
　肴は福岡は玄界灘の豊富な魚が主役で、鯖刺身をごま醬油で和えた「ごま鯖」は福岡の居酒屋にはどこにでもある逸品。これが大分にゆくと「琉球」になる。外国に開けた長崎は豚角煮など一味ちがう肴があり、佐賀は有明海の海の幸が無用な干拓事業で潰滅状態なのが痛い。熊本は天草の魚貝、鹿児島はきびなどにつけあげ（さつまあげ）だ。
　海を越え沖縄に至ると酒は泡盛になり肴も一変する。島らっきょう、テビチ、ラフテー、スクガラス、島豆腐などの沖縄料理は医食同源の流れをくみ、陽性の哀調を帯びた三線の調べとともに、身も心も限りない癒しに導くのが沖縄居酒屋の最大の魅力だ。

さきと

酒も肴も西日本一の名居酒屋

カウンター一本、酒と肴の達筆品書。それだけのシンプルな店がじつにすばらしい。冬の赤ナマコは半身がそのまま出てきたように見えるが一ミリの超薄に切ってある。五島灘から済州島にかけて泳ぐ絶品の五島鯖を胡麻醬油であえた博多名物の〈ごま鯖〉は、玄界灘の旨味濃厚な鯛でも作り、その旨さに息を飲む。これをご飯にのせた〈鯛ごま茶漬〉は声も出ない。玄界灘の魚は味の強さがあり、この店の目の利いた仕入れと名調理で存分にそれを味わえる。

酒は福岡地酒の良品から全国銘酒まで。清楚な染付の徳利と盃はあらゆる中でこれがベスト。料理の皿小鉢はみな昔の大衆品でまことに趣味のよいものだ。白髪丸刈りの主人はさっぱりと男らしい。

酒も肴も器も、ここは私が居酒屋に求める最高のものがすべて揃った名店。皆様決してどやどや行かないでください。

住所　福岡県福岡市中央区舞鶴2-8-25　1階
電話　**092-781-8778**
営業　18:00〜23:00（早じまいあり）／日曜〜22:00　水曜休
席数　カウンター12席　※全席禁煙　携帯電話禁止　香水不可
交通　地下鉄空港線赤坂駅より徒歩5分
酒　　田中65（純米）680円、若波（純米）680円、博多
　　　一本〆（純米）680円、三井の寿 芳吟（純米吟醸）780円
料理　単品刺身のほか魚刺盛10品1切盛1350円・2切盛5000円、鯨
　　　盛合8品1切盛1500円・2切盛2800円、ごま鯖800円、魚茶漬
　　　1000円
　　　※刺身は日により、若干値段の変動有り

名酒

名料理

九州・沖縄

寺田屋
料理いっぱい
博多っ子は熱く、よか男

細い路地の奥。戦前の長屋を改造した家に、低い木戸を腰をかがめて入る。小さなL字カウンターのすぐ横は二階へ上る階段。その正面に坂本龍馬の写真がある。

大皿には、博多の〈がめ煮〉〈豆鯵と玉ねぎのフライ〉など、うまそうな品がいっぱい。ガラスケースには玄界灘の魚がさあ食べてくれと並び、酒は全国銘酒がそろい万全の構えだ。刺身、煮物、煮魚、みなたいへんおいしい。味は濃いめで辛く「うちのはみな唐辛子を利かせるんですよ、酒がすすむように」と若主人が笑う。山笠に血道を上げる熱血の博多男にぴったりだ。

生粋の博多っ子という主人は開放的な好漢で、博多の人間は「好きやすの飽きやす」、すぐ相手を好きになりなんでも教えるが、翌日はケロリと忘れていると笑う。酔った私は「友達だァ」と手を出したが、明日は忘れてるだろう。

住所　福岡県福岡市中央区大名1-11-29-6
電話　**092-761-4554**
営業　18:00～24:00　不定休
席数　カウンター10席　個室2（12席、6席）
交通　地下鉄空港線天神駅より徒歩10分
酒　　寒北斗（福岡）1合700円、船中八策（高知）1合800円、佐藤 黒（芋焼酎）1合1000円
料理　うちわエビ800円～、ごまさば800円、各種刺身6～10品（唐津うに1500円など）、佐賀牛いちぼステーキ2500円、大皿（毎日12品）300～600円、コース3800～5800円　※値段はすべて税別。

名料理

名居心地

九州・沖縄

おでん安兵衛

渋い風格の博多おでん

普通の古い個人住宅のがらり戸を開けた三和土に、厚さ一五センチの大机とカウンターがいきなり置かれ、椅子は長腰掛、低い舟底天井からぶらさがる裸電球の店内は暗い。お通しは小さなするめ丸干し。丸い銅鍋のおでんは濃い醬油色でごぼごぼ煮えて、関東の「煮ないで温めるだけ」とは違う。真っ黒の筒切り大根、ざっくりしたつみれ、玉子は生卵を殻ごと四日間煮て、皿に盛る前に柔らかくなった殻を剝く。人気の春菊は一人前に束ねた干瓢をはずして茎だけしばし鍋に浸し、葉はくぐらすだけ。そのすべてがとてもおいしい。

古今亭志ん生に似た主人は、中国大連でおでん屋をしていた両親を継いで昭和三六年にここを開店した。全く目立たない店に背広の会社員、老紳士とお嬢さんなど客筋が上品だ。福岡に古い店を探して巡り合った一軒。

住所　福岡県福岡市中央区西中洲2-17
電話　**092-741-9295**
営業　18:00～23:00　日曜休（年末年始・夏季休暇あり）
席数　カウンター10席　テーブル10席
交通　中洲川端駅・天神南駅より徒歩5分
酒　　司牡丹純米1合650円、庭のうぐいす純米1合750円、綾花純米1合750円、こいじゃが（芋）グラス550円
料理　たまご300円、大根200円、つみれ400円、キャベツ巻300円、がんも400円、春菊200円、しんじょ800円、しいたけ300円、味噌田楽400円、釜めし800円　※季節により変更

日本居酒屋遺産

九州・沖縄

武蔵（むさし）

これぞ小倉、無法松の居酒屋

名作『無法松の一生』を生んだ小倉は最も九州濃度の濃い町だ。それは市内銀天街真ん中の大きな居酒屋「武蔵」に行けばわかる。狙い目は一階カウンターよりも二階の畳座敷。何十畳もの大広間に衝立で適当に仕切った座卓が置かれ、会社帰りも、若いのも、リタイアも、カップルも、女子会もみな一堂に飲むのが小倉流。一人酒は似合わず「おーい、こっち来いや」とたちまち仲間。北九州工業地帯や港湾で体を張った男たちはつべこべ言わずみんなで飲む。

黒板の品書きもここまで二〇〇円、二五〇円と大ざっぱ。小倉名物のぬかで炊いた〈鰯じんだ煮〉は濃い味で酒がすすむ。

てきぱき働く制服女子従業員を束ねる美人女将は東京から嫁いできて、たちまち情の厚い気風になじんだそうだ。小倉の女は「気は強いが、男をたてる」と即答。これぞ居酒屋、小倉万歳。

名居心地

住所	福岡県北九州市小倉北区魚町1-2-20
電話	**093-531-0634**
営業	16:30～22:30（LO21:45）　日曜・祝日休（年末年始休あり）
席数	カウンター30席　テーブル70席　個室2（10席・20席）
交通	小倉駅より徒歩3分
酒	キリン・アサヒ(中瓶)350円、生ビール300円、九州菊純米吟醸1合450円、大坂屋長兵衛大吟醸1合500円、月桂冠・一代・千summary各1合300円、田酒1合600円　※焼酎10種類常備
料理	刺身盛合わせ1000円、鰯じんだ煮400円、関門地蛸ара800円、本ふぐ刺(冬)1900円、串カツ1本250円、手羽先5本400円、ポテトサラダ400円、寄せ鍋1人前(冬)600円

九州・沖縄

朱樂(ざぼん)

上品な長崎民芸と絶品のすり身揚げ

長崎くんちで有名な諏訪神社下の上品な一軒家。瓦のような床、黒と臙脂色の塗物の棚、古簞笥、長崎らしい南蛮風ランプ、壺や皿、芹沢銈介のハタ(凧)などを置いた高級民芸の店内は白洲正子好みといおうか。落ちついた女将も雰囲気が似ている。根曲がり筥をそのまま使う箸置きがいい。

薄手鉢に盛られた長崎の名品鯵〈どんあじ〉は透きとおるうまさ。夏の冷やし鉢〈海老・なす・おくら・椎茸のみぞれ和え〉の美しさ。「これだけは召し上がっていただかな」という、八○歳を超えた母自慢の、エソ・甘鯛など時季の魚すり身の〈ざぼん揚げ〉は隠し味にニンニクを使い、柚子胡椒で食べる逸品だ。

母、女将、娘と女三代で六○年余り続く長崎の名店。熟年夫婦旅などにまことにふさわしい。飾られた、大伴家持のような貴族ふう泥人形談義が味わい深かった。

住所　長崎県長崎市下西山町1-7
電話　**095-822-3574**
営業　17:00～22:00　土曜・日曜・祝日・年末年始休(盆休みあり)
席数　カウンター5席　小上がり3席
交通　長崎駅より車10分
酒　　ビール(大瓶)800円、焼酎(芋・麦)グラス300～500円、冷酒1000～1500円
料理　あえもの(ナマスなど)小鉢各300～500円、すり身揚げ1人前(5個)700円、刺身(〆サバなど)時価(1000‐1500円)、コース5000円～

名居心地

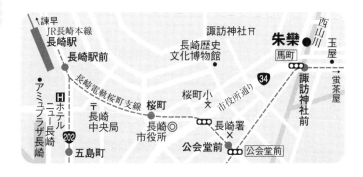

安楽子
あらこ

長崎のよさが
すべてここにある

思案橋すぐ近く、通りからひとつ入った小路の絶好の一角。創業四〇年の古い店内は清潔に磨き上げられた艶が美しい。長崎の魚が豊富に並び、五島鯖は味が濃く強く、時季のイイダコはイイ(飯)がみっしり詰まる。鯨は、おばいけ・食道・赤身・さえずり・ベーコンとそろう。ゆがいた浅葱を畳んで巻いたのを酢味噌で食べる「ねぎ巻」は、箸休めに格好だ。

長崎人の定評「男は親切、女は美人」のとおり、きさくな主人、英国風美人の奥さん、いい男の息子さんらの温かい家族的居心地が最高だ。運がよければ西洋人形のように愛らしくお茶目な孫娘の顔を見られる。一人者、女性、中年男女、老夫婦と幅広い客はみな親戚の娘のように心安げだ。

母の故郷長崎によい居酒屋を探し、この店をみつけたときは嬉しかった。私は勝手に長崎の実家としました。

住所　長崎県長崎市浜町7-20
電話　**095-824-4970**
営業　16:30〜22:00（LO21:00）
　　　日曜・年末年始休（夏季休暇あり）
席数　カウンター7席　テーブル3　個室3（各4〜10席）　小上がり3
　　　（12席）
交通　長崎駅より車で5分
酒　　麦焼酎450円〜、芋焼酎450円〜、清酒小400円・大750円
料理　刺身盛合せ1000円〜、あじ刺身(たたき)650円〜、いわし刺身600円〜、〆さば650円〜、荒煮650円、すり身揚げ450円、鯨各種900円〜、天ぷら700円〜

名居心地

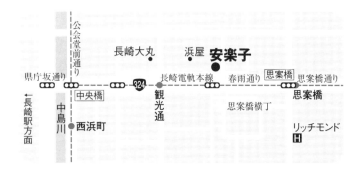

九州・沖縄

こいそ

横丁奥で気軽にくつろぐ

迷路のような思案橋グルメ通りのさらに細い小路、思案橋横丁を入る。あまり飾らない黒基調の店内。蕗・筍・鯛の子をきれいに炊いたお通しがたいへんおいしく、カウンター上に並ぶ大皿煮物の数々に期待が高まる。石蓴（つわぶき）は香りよくあっさり、キビナゴは骨の噛み心地を残して味がしみる。〈穴子煮〉〈だし巻〉〈二度揚げ骨せんべい〉もうまそうだ。注文を受けてから揚げるエソとタラのすり身揚げはキューブ型。あっさりと揚がった身はしなやかに弾力がありじつにおいしく、生を蒸せばカマボコで通用するだろう。

大阪で料理修業した主人は落ちついて頼りになり、娘むすめした美人若奥さんのぱっちり目にこちらの目はつい細くなる。表通りからは気づきにくいが、味の実力を知るプロや通人が黙って通っているようだ。仕上げに五島うどんが待っている。

名料理

住所　長崎県長崎市本石灰町4-3　田中酒店ビル1階
電話　**095-823-5450**
営業　18:00～24:00　日曜・祝日・年末年始休
席数　カウンター8席　小上がり6～7席　テーブル2（各4席）
交通　思案橋電停より徒歩2分
酒　　ビール中瓶・生中各500円、万年亀1合450円、芋焼酎:黒霧島・しま美人・白波各ボトル2000円、麦焼酎:壱岐ゴールド・神の河各ボトル2500円、焼酎水割り各種300円
料理　さしみ盛り合せ1500円、スリミ揚げ500円、くじらカツ700円、季節の煮物300～500円、骨せんべい400円．こいそ鍋（あご出汁の寄せ鍋）1人前1000円

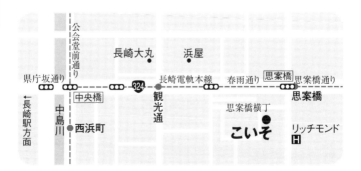

こつこつ庵

圧巻の昭和コレクションを麦焼酎で鑑賞

県庁と大分合同新聞の高層ビルの前に対抗するように立つ、ホーロー看板で外壁を埋め尽くした、切妻二階の大民家こそ大分の名物居酒屋、わが愛する「こつこつ庵」だ。

店内がまたすごく、看板、古ラジオ、柱時計、古焼酎などの昭和コレクションが壁を天井まで埋め、まさに博物館の様相だ。拙著の小説『居酒屋かもめ唄』に登場してもらった初代マスターは引退したが愛敬のある似顔絵はマークに残り、二代目息子さんは似てきたようだ。

大分名物の〈琉球〉は福岡のごま鯖のようなもので、ここのは関鯵・関鯖で上等だ。〈だんご汁〉は団子でなく縄のようによれた太いうどんでじつにうまい。酒はもちろん大分麦焼酎のかぼす入りロックだ。

昭和四六年からの店はジャズ好き初代の生き方、遊び心の一大要塞だ。その自由な精神に乾杯！

住所	大分県大分市府内町3-8-19
電話	097-537-8888
営業	11:30～14:30（LO14:00） 17:00～22:30（LO21:30）日曜休
席数	カウンター5席　テーブル11　座敷5（60席、12席、10席×2、5席）
交通	大分駅より徒歩15分　大分ICより車で10分
酒	日本酒(西の関・はなり・雪ほたる・玄亀他)350円～、焼酎(耶馬美人・伊佐美・西の星・鉄輪・弥生他約100種)350円～
料理	関あじ寿司・関さば寿司(8貫)各2000円、関あじ・関さば琉球各1000円、矢切のわた酢500円、007ショーン粉ねり600円、だんご汁600円、八瀬甘500円、とり天600円

名居心地

日本居酒屋遺産

チョロ松

先代女将の教えを守る

別府の湯につかったらぜひとも昭和三〇年創業の老舗「チョロ松」へ。玄関暖簾に相合傘で「おさけ／かも吸」とある名物〈かも吸〉は、大分は鴨がよく捕れ、鉄砲撃ちが持ってくるのを先代女将が子供たちに食べさせていた品。鴨肉とたっぷりの青葱、脇役のごぼうをぐつぐつ煮た土鍋は「鴨が葱を背負ってきた」食べなきゃ損の傑作。誰もが注文する〈とりもつ〉はきれいな味。焼きながら刷毛で酒を塗る〈ふぐ塩焼〉はブツを手づかみでしゃぶる。

先代女将のしつけの行き届いた店は清潔で、中高年が安心して落ち着ける。人柄よい二代目女将の「うちの主役は自家製の柚子胡椒と橙を手搾りしたぽん酢、材料はそう変わらないからこれが宝」母の教えですという言葉がいい。その柚子胡椒は買うこともできる。店名は可愛がっていた猫の名と聞き脱力。

住所　大分県別府市北浜1-4-15　小野ビル1階
電話　**0977-21-1090**
営業　17:30〜24:00（LO23:30）　月曜休
席数　カウンター13席　小上がり5　テーブル5
交通　別府駅より徒歩5分
酒　　西の関本醸造1合520円・純米1合760円・美吟吟醸720ml5410円・滴酒720ml6180円、鷹来屋特別純米グラス760円　※大分の焼酎各種
料理　カモ吸1250円・そば入り1400円、琉球（カンパチ）800円、若鳥から揚790円、牛筋650円、豚天700円

瓢六
ひょうろく

地元で愛される
心安らぐ居酒屋

「活魚一品料理」の白暖簾をくぐると、カウンターと小上がり。活気のある居酒屋の空気が待っている。鯛皮やフグの切り落としをポン酢であえたお通しがうまく、これだけで魚を上手に大切に扱う板前とわかる。

冬のタイラギ焼は白身に網の焦げ目がつき、ほわりと湯気をあげてうまそうだ。小さな店だが板さんは四人いて気合いが入っている。醤油と鶏スープがベースのおでんはコクがあり、馬のアキレス腱を使ったスジは食べなきゃ損の逸品。

さらに何よりよいのは姉妹のおかみさんと娘さんの三人。ニコニコと声をかけ気働きよく、つい何か頼みたくなり居心地満点だ。客もなごやかで、地元で本当に愛されている居酒屋の安心感いっぱいだ。すぐ近くの「天草」は息子さんの店で料理も同じ。おでんはないが瓢六から持ってきてくれる。こちらもぜひどうぞ。

名居心地

住所	熊本県熊本市中央区花畑町13-23　花畑ビル1階
電話	096-354-7558
営業	17:00～2:00　日曜休
席数	カウンター8席　小上がり23席
交通	熊本交通センターより徒歩2分
酒	れいざん（冷酒・阿蘇）300ml 950円・（常温）1合500円、香露（冷酒・熊本市）300ml 1100円・（燗酒）大徳利900円、瑞鷹（冷酒・熊本市）300ml 1100円・（燗酒）大徳利900円
料理	馬刺1900円、馬にぎり2200円、馬の塩焼1400円、桜納豆1000円、辛子れんこん750円、ねぎとろ鉄火（細巻2本）1900円、人文字ぐるぐる450円、あなご照焼1500円、がらかぶ唐揚1000円～

九州・沖縄

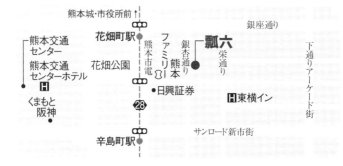

和食 島崎

天草魚介と釣り名人

一大飲み屋街をなす熊本新市街の飲食ビル地下街つきあたり。履物を脱いで上がる小さな店。白木羽子板の〈おすすめ三点盛〉の本日はカラスミ・蒸しアワビ・鴨ロース。カラスミは正調ボラの他に鯖や鯛、スズキなども作る。釣り名人主人の釣果も入る〈刺身盛り合わせ〉の豪華なこと。銀肌の光る本場のコノシロは刺身、酢じめ、握りもある。昨日撃った冷凍のかからない鴨肉の塩焼はうっすら血がにじんで超美味。大皿の〈芋焼酎で煮た角煮〉〈山東菜と揚げの煮浸し〉のうまさ。さらに、馬肉・山芋・玉子のつくねと鱧すり身の〈ふわふわ鍋〉もすばらしい。熊本は馬刺、辛子蓮根よりも断然天草の魚介だ。この店がその期待に十分答える。

目のしっかりした肥後もっこす主人、ぴちぴち美人娘の息はぴったり、閉店まで座っていたくなる。

住所　熊本県熊本市下通1-9-1　マツフジ会館ビル地下
電話　**096-351-0321**
営業　17:30～24:00　日曜・祝日休(予約があれば営業)
席数　カウンター6席　テーブル12席
交通　花畑町駅より徒歩3分
酒　　島崎オリジナル(房の露酒造ブレンド)水割り400円・ロック500円、三岳・赤霧島・㐂六各水割り400円・ロック500円、れいざん1合500円、ビール各種
料理　おすすめ三点盛(蒸しあわび・自家製からすみ・鴨ロース煮)1皿1000円、このしろ刺身500円、馬すじ煮込500円、ふわふわ鍋1人前2000円、マスターが釣った魚の刺身・煮付800円～

名料理

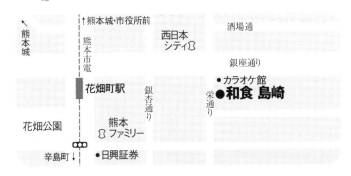

入福(いりふく)

歴史の島で味わう地酒、地魚

地魚・地酒の紺のれんをくぐると、壁を埋める酒品書き。それがかなり通好みなものばかりなのにさらに驚く。ここで長野の新鋭酒「十九」に出会うとは思わなかった。

料理に凝る主人の〈メジナ焼霜造り〉は重厚、〈コノシロ背切り〉は可憐。天草は有明海と東シナ海に挟まれ、それぞれ魚は全く違うそうだ。生きている釣イカを船の上ですぐ醬油樽に漬けて醬油を飲ませた主人手作りの〈赤いか沖漬〉は新鮮さが残り、天草の地塩を軽く振った〈キビナゴ串焼〉は止められないうまさだ。酒通の主人がすすめた阿蘇の酒「蓬莱・純米吟醸」は、抱き込むようなスケール感がある。

この店はすでに六〇年を越す老舗。作務衣の実直そうな三代目主人は根っからの天草っ子で、名優・加藤武に似て親しみがわく。天保三年の古い石橋や天草四郎の歴史が生きる島に名居酒屋あり。

住所 熊本県天草市中央新町3-22
電話 **0969-22-2827**
営業 18:00〜23:00(LO22:30) 第二・三日曜休
席数 カウンター6席 個室4(全32席) 小上がり6席
交通 本渡バスセンターより徒歩5分
酒 蓬莱(純米吟醸)650円〜、十九(純米吟醸無濾過生)650円〜、鷹来屋(純米無濾過生)550円〜、群馬泉(初しぼり無濾過)650円、亀齢(純米吟醸)650円〜
料理 赤いか沖漬690円、魚のふわふわ揚630円、かにみそ豆腐480円、活紅アゴ酒むし1800円、本日のとれたて塩釜1200円、おまかせ3000円 ＊当日の水揚げでメニュー変更

名酒

名料理

味乃 さつき
揚げ立て「つけ揚」は日本一

小さな店に大きな大漁旗「さつき丸」は口永良部島の漁師だったお父さんの船。今も魚は島直送だ。若いおかみさんは陽気で「トビウオ、ニラ、玉子、あとヒミツ、それと愛情、あっははは」と笑うしゃもじですくって揚げる〈つけ揚〉は私の思う限り日本一の絶品。二皿、三皿のお代わり客も多いという。時季のきびなご、鯖などは新鮮そのもの。屋久島の焼酎「三岳」は手に入りにくくなったが、昔からのつきあいでずらりと並び、味は飲みやすい。本場鹿児島では焼酎は生活に根ざし、東京のようなブランド主義ではない。

お母さんの代からすでに三〇年を超え、客には旅行や出張で来たファンも多く「一年ぶり〜」などとにこにこ顔で入ってくる。ここを出たら近くの鹿児島一の安くてうまいラーメン「のり一」をお忘れなく。深夜までやってます。

住所　鹿児島県鹿児島市山之口町8-7
電話　**099-222-3678**
営業　17:30〜22:00　日曜・祝日休
席数　カウンター6席　小上がり12席
交通　市電天文館通電停より徒歩5分
酒　　三岳(焼酎)2合500円・5合瓶3000円
料理　盛刺1500円、魚唐揚500円、あらたき1000円、塩焼600円、
　　　つけ揚500円、伊勢えび味噌汁(季節限定)1500円

九州・沖縄

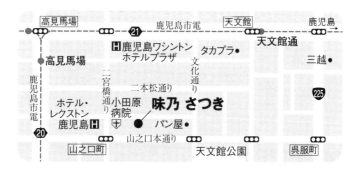

一村
いっそん

本場の黒糖焼酎と南国奄美に癒される

奄美市のさほど大きくない町中をはずれた暗闇に、緑に包まれた居酒屋が灯をともす。成り行きで作っていったような手作りの店内が楽しい。奄美料理〈ふる三枚肉炒め〉は大きなニンニクの葉（ふる）が豪快。海藻〈アオサの天ぷら〉はイカとのかき揚げで磯香たっぷりで上品。〈さねん蒸し〉は奄美地鰻蒲焼を味ご飯と混ぜ、さねん（月桃の葉）で包んで蒸した飯蒸し。常緑樹のある南にゆくほど葉が料理の容れ物に使い、トロピカルな野生が魅力だ。奄美名物は鶏飯だが、私は油そうめんを推す。

そして魅惑の本場黒糖焼酎。甕保存の「長雲」「龍宮」は好対照の味だ。店名は、身代の一切を捨てて奄美に移住し、孤高の画境をひらいた画家・田中一村に依り、掲げた写真の厳しい表情がいい。一村を尊敬する主人は自分も絵をまことに癒される人情あふれる店だ。

住所　鹿児島県奄美市名瀬柳町12-4
電話　**0997-53-8333**
営業　17:00～24:00　水曜休
席数　カウンター10席　テーブル2（全15席）
交通　奄美空港から車40分
酒　　長雲ロック400円、龍宮ロック400円ほか黒糖焼酎中心に約15種
料理　さねん蒸し500円、アバス（ハリセンボン）唐揚1000円、奄美ソーメン（トンコツ入り）800円、島だこマリネ800円など

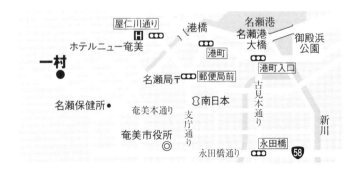

ゆうなんぎい

沖縄家庭料理を豊かに味わえる

那覇に沖縄郷土料理の居酒屋はいくつもあるが、この一軒となると迷う。国際通り真ん中を脇に入ったここは、ゴーヤチャンプル、テビチ、ラフテー、グルクンジューシー、ナーベラー、イラブー、島ラッキョー、ジーマミー豆腐、ソーキそばなど代表ひと通りがそろい、すべて水準高い。

料理方は家庭をもつお母さんばかりで、その日採った、むせ返るような生命力を感じる緑濃い沖縄野菜を、総出で仕込む光景は沖縄家庭料理の健康な力強さにあふれ、医食同源にかなっている。本土復帰前の昭和四五年に開店したときは、沖縄家庭料理なんかで客が来るのかと笑われたそうだ。

店名は、朝は黄色、昼は赤、夕方は落下する花「ゆうな」の「ゆうなの木」のこと。食べ進むと確実に体が回復してゆくのがわかるのが沖縄料理のすばらしさ。酒はもちろん泡盛だ。

住所	沖縄県那覇市久茂地3-3-3
電話	098-867-3765
営業	12:00～15:00　17:30～22:30　日曜・祝日・年末年始休
席数	カウンター10席　小上がり4（全16席）　テーブル3（全12席）
交通	ゆいレール県庁前駅より徒歩5分
酒	泡盛:25度700円・30度650円・35度750円・43度800円・60度2600円
料理	ラフティ750円、てびちの煮付640円、ゴーヤチャンプル650円、フーチャンプル650円、ソーメンチャンプル570円、ミミガー440円、ジーマ　ミドーフ440円、グルクン唐揚700円

九州・沖縄

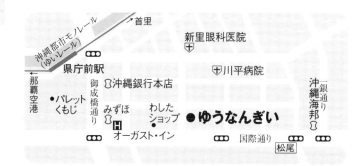

おでん東大

おでん「テビチ」に我を忘れる

沖縄のおでんはここが一番と教わった店。ビルにドアだけのまるで素っ気無い入口が沖縄らしい。沖縄のおでんは内地と違い練物は少なく、昆布とテビチが主役だ。昆布は一口ずつ巻いたりせず長いまま泳ぐように雄大に入る。テビチの味は、おおげさでなく驚くべきもので、コロッとした骨を指で口から抜きながら無我夢中で食べきり、すぐに「追加追加」と叫んだ。東京からこのテビチを食べに来る食通有名人が大勢いるというが信じられる！沖縄の味の基本は、脂をすっかり抜いた豚肉と昆布、その頂点だろう。またミミガーとハツの盛りあわせが信じられないうまさ。さらに〈焼きテビチ〉という逸品も。

すでに六〇年の老舗。三代目のお姉さんは優しく魅力的だ。もう一つ。奥の広い小上がりがだらだらするのに最適で、これぞ沖縄。私は三〇分うたた寝しました。

住所　沖縄県那覇市安里388-8　大江ビル1階
電話　**098-884-6130**
営業　21:30〜4:00　日曜・正月休
席数　30席
交通　ゆいレール安里駅より徒歩2分
酒　　時雨1合500円、忠孝・久米仙・菊之露・残波・くら・他
料理　東大の焼てびち600円〜、ミミガー刺200円〜、おでん10品
　　　（足てびち・豆腐・野菜・牛すじ・大根・他）各100〜300円・
　　　盛り合わせ1000円

名料理

名居心地

九州・沖縄

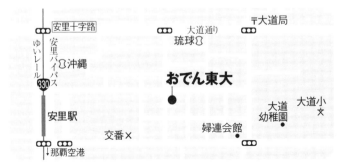

うりずん

沖縄美味と泡盛古酒のすべてを

昭和四七年、本土復帰の年に創業した「うりずん」こそ、泡盛を含む沖縄食文化を日本と世界に広め認識させた最大の功労者だ。東京新丸ビルに支店を出すほどになった今でも、那覇国際通り端の本店は昔のままの木造二階家で泡盛古酒の甕を守る。チャンプルー、テビチ、ソーキ、ラフテー、島ラッキョー、沖縄そばなど、今は知られるようになった沖縄伝統料理はここですべて味わえる。そのおよそ五〇種を写真つきで紹介、さらに泡盛古酒を解説した縦長メニューは持ち帰りたいほど良くできている。

「うりずん」は「潤い初め」。春先、大地に潤いが増してくる頃の季節を言う。ここの小さなカウンターに座り、古酒オンザロックを手に静かな三線の曲を聞いていると自分の心にも潤いが湧き、閉塞した本土がいやになる。沖縄に行ったら迷わずここへ、そして帰る日も。

名居心地

住所	沖縄県那覇市安里388-5
電話	**098-885-2178**
営業	17:30〜24:00(LO23:00〜23:30) 旧盆(ウークィ)休
席数	カウンター10席 テーブル100席 小上がり1
交通	安里駅より徒歩1分
酒	泡盛756円〜、特製8年物古酒1296円、特製12年物古酒1458円、特製20年物古酒3456円(すべてカラカラで)
料理	ドゥル天648円、ゴーヤーチャンプルー648円、豆腐よう324円、昆布(クーブ)イリチイ540円、シャコ貝刺身1620円〜、ミーバイ刺身1000円〜、ジーマーミ豆腐540円、スヌイ540円

九州・沖縄

森の賢者

モダンな店で石垣島を味わう

石垣島の居酒屋はそれらしい観光風が多いが、市内を離れた住宅地のこの店はコンクリート打ち放し、ギャラリー喫茶のような都会的な造りで、島らしさはない。

島タコ、島豆腐に加え、石垣島食材の創作料理、例えば、近海魚・パパイヤ・スーナ（地の海藻）・長命草・野草オオタニワタリなどを巻いた〈八重山風生春巻〉は、石垣島エッセンスの趣で泡盛クースー（古酒）とよく合う。泡盛は片口で供され、氷と混ぜるマドラーは備長炭の小枝だ。各種薬草を泡盛に漬けた薬草酒がたくさん揃い、試しに飲んだ長命草古酒は強烈だった。島には珍しく日本酒もよくそろう。

森の賢者とはフクロウのこと。信州松本出身の若い主人は、島にあこがれてやってきて住み着いた。地元はもちろん、観光の域を過ぎたリピーターや長期滞在者は、こういう店が落ちつくだろう。

住所	沖縄県石垣市新川49-2
電話	**0980-83-5609**
営業	18:00〜23:00（LO22:30）　不定休
席数	カウンター7席　テーブル12席
交通	南ぬ島石垣空港よりタクシー10分　市街中心部より徒歩10分
酒	泡盛：請福3合瓶1650円・請福三年古酒ビンテージ1合1400円、日本酒常備12種〜各1合800円、焼酎常備20種〜各90ml700円、オリオンビール生中550円・グラス400円
料理	島野菜の天ぷら盛合せ2〜3人前950円、近海魚のカルパッチョ（3種の魚）900円、自家製ラフテー・スーチカ（島産もろみ豚）750円、旬の島野菜の小鉢450円

九州・沖縄

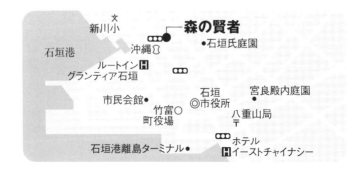

ぽうちゃ たつや

南海の島の
名居酒屋

南国らしく明るい店内。「ぽうちゃ」とは料理番のこと。海水で固めた〈うぷすとうふ〉は郷愁を呼ぶ味。塩漬けした三枚肉を茹でて脂をすっかり抜いた〈スーチキ〉はアイスバインに似てとても洗練されたおいしさ。付け合わせのゴーヤがピタリだ。貼紙に〈特製がんもどき　おいしいですよ〉とあるのに自信を感じて頼むと、たこ焼きのような熱々でハフハフのうまさ。究極は〈クブシミ（甲イカ）煮〉で、味付けせず水も使わず、イカのもっている水だけで煮たものがなんと豊かな味のことか！

宮古島出身の主人は東京で日本料理を八年修業して帰り、改めて宮古の料理の奥深さを学んだ。「煮るだけさあ」と言われたクブシミ煮の完成に二年かかったという。主人も奥様も人柄最高。日本の居酒屋踏破を目指してやってきた南の島ですばらしい店に出会い、大きな幸福感にひたった。

住所　沖縄県宮古島市平良字西里275
電話　**0980-73-3931**
営業　18:30～23:30（LO22:30）　火曜休
席数　カウンター12席　座敷24席
交通　宮古空港より車で20分
酒　　豊年1合1350円
料理　クブシミのやわらか煮780円、グルクンの自家製開き（一夜干）700円〜、スーチキ650円、ラフテー650円、島らっきょう漬700円・かき揚800円、自家製がんもどき480円、紅いもサラダ600円、ゴーヤのかき揚620円、宮古和牛カルビグリル2000円

名料理

九州・沖縄

太田和彦の居酒屋味酒覧〈決定版〉精選204

発　行	二〇一六年十二月十五日
五　刷	二〇二三年十一月二〇日

著　者　　太田和彦（おおた　かずひこ）

発行者　　佐藤隆信

発行所　　株式会社新潮社

　　　　　東京都新宿区矢来町七一
　　　　　〒一六二-八七一一
　　　　　電話
　　　　　編集部〇三-三二六六-五六一一
　　　　　読者係〇三-三二六六-五一一一

印刷所　　大日本印刷株式会社
製本所　　株式会社大進堂
地図　　　ジェイ・マップ
装幀／カバー写真
　　　　　太田和彦（アマゾンデザイン）

乱丁・落丁本は、ご面倒ですが小社読者係宛お送り下さい。
送料小社負担にてお取替えいたします。
価格はカバーに表示してあります。

© Kazuhiko Ôta 2016, Printed in Japan
ISBN978-4-10-415809-6 C0077

http://www.shinchosha.co.jp